资助为国家自然科学基金《高等教育财政支出与收入分层——基于新经济地理视角的中国经验证据》(71403084)

高等教育财政支出与收入分层
——基于新经济地理视角的中国经验证据

刘晓凤◎ 著

中国社会科学出版社

图书在版编目(CIP)数据

高等教育财政支出与收入分层：基于新经济地理视角的中国经验证据 / 刘晓凤著. —北京：中国社会科学出版社，2018.10
ISBN 978-7-5203-2455-7

Ⅰ.①高… Ⅱ.①刘… Ⅲ.①高等教育-财政管理-研究-中国
Ⅳ.①G647.5

中国版本图书馆 CIP 数据核字(2018)第 078626 号

出 版 人	赵剑英
责任编辑	任　明
责任校对	王佳玉
责任印制	李寡寡

出　　版	中国社会科学出版社
社　　址	北京鼓楼西大街甲 158 号
邮　　编	100720
网　　址	http://www.csspw.cn
发 行 部	010-84083685
门 市 部	010-84029450
经　　销	新华书店及其他书店

印刷装订	北京君升印刷有限公司
版　　次	2018 年 10 月第 1 版
印　　次	2018 年 10 月第 1 次印刷

开　　本	710×1000　1/16
印　　张	15
插　　页	2
字　　数	214 千字
定　　价	85.00 元

前　　言

　　1999年，中央政府基于国家现代化建设大局，面对21世纪社会、经济、科技发展新局势，提出扩大高等教育规模的发展抉择，经过10多年的奋斗，我国高等教育规模相继赶上并超过俄罗斯、印度、美国，高等教育规模居世界第一。高等教育规模的扩张，是希望培育21世纪所需人才，发展为人力资本强国，增强生产效率，推动经济发展，提高人民收入，缩小收入分配差距。但有限的高等教育资源如何分配，是否解决了社会经济发展需要，满足了人民收入水平提高的需要，进而增进生活水平，这是学术界乃至社会关切的议题。《中华人民共和国国民经济和社会发展第十三个五年规划》提出要确保经济的中高速增长。在均衡发展、包容发展、可持续发展基础上，到2020年GDP与城乡居民人均收入达到2010年的2倍，健全高等教育服务体系，实现高等教育现代化，增进劳动年龄人口受教育年限，达成充分就业，缩小收入分配差距，增加中等收入人口占比。要实现这些目标，就需要合理配置高等教育财政资源，但我国高等教育资源在区域间的配置、院校间的分配，不论是在规模还是结构上都有较大差别，众多的高等教育财政资源集中在研究型高校，聚集于经济发达地区、省会城市，而地方本科院校获得的高等教育财政资源微薄，中西部地区的高等教育财政资源远不及东部地区。高等教育财政资源投放与经济发展、收入分配间存在直接的线性关联关系与否？高等教育财政资源的空间分布格局是否直接造成了与其走势整齐划一的区域间经济发展格局？占有更多高等教育财政资源的地区是否自然地在收入分配上占优势？高等教育财政资源有限、区位不占优势的地区，经济发展水平与收入分配是否就不尽如人意？

　　本研究对高等教育财政支出与收入分层展开理论分析、实证探讨、发展战略与案例研究，探究高等教育财政支出的模式、影响因素，区域高等教育财政支出分布特征，高等教育财政支出产出效率，美国州际高等教育财政支出的选择，长江经济带、西藏、山西省地级市、县级市、大学城高等教育财政支出分配状况，兼论对收入分配的影响。通过分析，为区域高等教育财政支出的优化配置从国家层面和区域层面提出相应的对策建议。进一步丰富相关理论，并为实践提出一定的路径选择。

摘　　要

　　21 世纪是人才竞争的世纪，以人力资本为核心的经济增长取代了以实物资本为核心的经济增长，教育尤其是高等教育发展成为经济增长的重要推手，高等教育与经济发展、收入分配紧密关联，各国都非常重视高等教育的发展，为高等教育的发展提供资金支持，高等教育财政支出与经济增长、收入分配间的关系已经发展为研究热点。本研究从新经济地理的视角，探讨区域高等教育财政支出的分布特征、影响因素，分析区域高等教育支出与收入分配的关联关系，试图找到区域高等教育财政支出配置的最优方式，以充分发挥区域高等教育财政支出在收入分配方面的积极作用。

　　区域高等教育财政支出模式包括累进型、公式型、绩效型、衍生型、复合型等。高等教育财政支出模式演变中的路径依赖和锁定呈现为功能性锁定、认知性锁定、政治性锁定。功能性锁定造成高校间的趋同化发展，认知性锁定引发财政有效供给不足，政治性锁定禁锢于长官意志。高等教育财政支出模式的路径依赖及所形成的功能性锁定、认知性锁定与政治性锁定，是高等教育良性发展的枷锁，要摆脱枷锁，就要进行功能性解锁、认知性解锁与政治性解锁，对高等教育财政支出模式进行创新。功能性解锁要对高等教育财政支出模式分类分层，认知性解锁要就高等教育财政支出模式明确政府动态财政责任，政治性解锁要对高等教育财政支出模式去行政化约束。高等教育财政支出影响因素有地理区域经济水平、政治、高等教育财政体制、地理区域财力、地理区域高等教育基础和国家高等教育支出地理区域布局等，且这些影响因素相互关联。地理区域高等教育财政支出和收入分层间不仅是单向因果关联关系，还存在相互内生关系。由于劳动者的流动性、地方政府间的竞争，地理区域高等教育财政支出和收入分层间还存在着空间相关性。

在各省高等教育财政支出的聚类分析中发现，经济发达地区，财力雄厚，高等教育财政性支出也不弱，经济欠发达地区，财力不足，虽然有国家政策的支持，但欠账毕竟不少，高等教育财政性支出还是有待加强。同时，东部地区一些省份高等教育财政性支出明显地聚集为一类，中西部地区各省份高等教育财政性支出的聚类并不显著。东部地区内部出现属于不同类别的省份，如海南，可判定东部地区内有着不同的省份高等教育财政性支出的聚类，在层次聚类分析中，中西部和东北地区聚为一类，当前东部地区有必要进一步细分，才能更有针对性地调整高等教育财政性支出的投入政策。中部、西部和东北地区可合并为一个大区域，这样在高等教育财政性支出的地理区域投入政策上才不至于顾此失彼。在区域高等教育财政支出的空间分布特征分析中发现，区域高等教育财政支出较为集中，但集中程度低于GDP、收入分层，说明政府力量虽没有完全弥补市场失败，但还是在一定程度上减轻了市场失败。在区域高等教育财政支出产出的评价中发现，区域高等教育财政支出产出不仅受到高等教育财政支出存量等基础条件的影响，还会受区域高等教育财政支出效率影响，支出效率取决于区域的特定因素，涵盖高等教育集群环境、经济收入的关联关系、对区外高等教育财政支出溢出的吸纳力度。我国区域高等教育财政支出产出的差距显著但存在好转态势，此为区域间高等教育财政支出规模与效率共同作用的结果，区域高等教育财政支出产出对高等教育全要素生产率（TFP）、高等教育财政支出规模、区域经济有着显著影响，进而扰动区域间与区域内的收入分层。

国家层面高等教育财政支出投入战略，在中央高等教育财政支出地理区域配置优化中，要加大高等教育财政支出的地理区域投入力度，多渠道筹措高等教育财政经费，对各地理区域抽肥补瘦，转移支付弥补经济欠发达省份高等教育投入的效率损失。在东、中、西与东北地区高等教育财政支出中，财政支持东部地区高等教育先行发展，扶助东北地区高等教育资源共享，助力中部地区高等教育崛起，倾斜于西部高等教育质量改善，施行东部高校对口支援西部高校计划。高等教育聚集区"发展极"高等教育财政支出中，财政支持"发展极"争创"双一流"，先进带动后进。老少边穷与基层地区高等教育财政支出中，可在财政支持下新设一所综合性地方专科院校，采用筑巢引凤的方式，同地理位置接近的本科高校联合办学，把原有师范专科学校扩建成综合性的地方专科院校。区域层面高等教育财政支出地理区域投入战略，在政治经济类型区高等教育财政支出中，政治经济"双强"的区域，既要为高等教育发展投入应尽之力，努力建设世界一流大学与学科，还要力争区域收入分层合理化发展；政治强经济弱的区域，关键是利用政治优势攫取更多中央高等教育财政支出，把政治优势转变为高等教育发展能力，力争合理的收入分层；政治弱经济强的区域，关键是利用经济优势补足高等教育投入，提高区域高等教育发展能力，进而推动收入分层合理化；政治经济"双弱"的区域，需要采取跟随策略。长江经济带等经济区高等教育财政支出中，"一带一路"高等教育财政投入要支持高等教育练好内功，支持高等教育"走出去"，产学研合作，高等教育"引进来"。长江经济带高等教育财政投入要恰当调配高等教育财政投入结构，合理培养高等教育人才，多手段吸引高校人才聚集。京津冀协同发展高等教育财政支出要改善高等教育互惠合作的制度环境，明确高等教育在京津冀协同发展中的职责，扩张京津冀协同发展中高等教育的有效合作领域，建设高校学科群服务京津冀协同发展。中心城市高等教育财政支出中，财政要支持各层次高等教育统筹协调发展，培养人才、引进人才，搭建校企合作平台。边缘城市高等教育财政支出投入中，要基于空间布局推动边缘城市高等教育进步，以社会资源共享推进边缘城市高等教育成长，以高等教育非均衡发展手段加快边缘城市高等教育前进。国家层面高等教育财政支出地理区域投入战略的政策建议：适当对经济落后地区采取中央高等教育财政成本补偿措施，科学确定经济落后地区学生个人高等教育成本负担比例，健全国家助学制度，建立高等教育财政支出绩效评价体系，财政推动发展专业教育国际认证，构建跨区域高等教育合作的利益补偿与激励机制。地理区域层面高等教育财政支出地理区域投入战略的政策建议是，构建区域内协同发展的高等教育财政支出模式，财政推动区域高等教育差异化发展，对内开放和对外开放两手抓，强化地方政府官员的高等教育政绩评估，推动发展开放式的高等教育投资体制。

关键词：高等教育财政支出；收入分层；新经济地理；空间分布；非均衡协调投入

ABSTRACT

21st century is a century of talent competition. Economic development based on human capital has replaced economic development based on physical capital; education especially higher education is an important motivator. Higher education is closely related to economic development and income distribution. All nations pay high attention to the development of higher education and fund higher education. The relationship among higher education, economic development and income distribution has been a hot topic in social science. The research discusses the allocation features of regional higher education governmental spending and causes, analyses the relationship among higher education, economic development and income distribution and tries to find the optimum way of regional higher education governmental spending allocation to let it play positive role fully in economic development and income distribution.

The modes of regional higher education governmental spending include progressive mode, formula mode, performance mode, derivative mode and compound mode etc. The path dependence and lock-in of the transition of the higher education governmental spending modes is functional lock-in, cognitive lock-in and political lock-in. Functional lock-in results in the convergent development of universities and colleges, cognitive lock-in causes inadequate supply of public finance, and political lock-in is stuck in official's will. The lock-ins are fetters of higher education development, we have to functionally unlock, cognitively unlock and politically unlock to get rid of the fetters and innovate the modes of higher education governmental spending. Functional unlock is to classify the modes of higher education governmental spending, cognitive unlock is to clarify the dynamic fiscal responsibilities of governments, political unlock is to remove the administrative constraints of the modes. The causes of higher education governmental spending are regional economy, politics, fiscal system of higher education, regional financial strength, regional higher education foundation and regional layouts of national higher education governmental spending and the causes are related to each other. Regional higher education governmental spending and income stratification are not only one-way cause and effect but also mutual endogenous. For labor mobility and competition among governments, regional higher education governmental spending and income stratification also related to each other spatially.

The cluster analysis of provincial higher education governmental spending finds out that developed regions have strong financial resources and high governmental spending in higher education, while underdeveloped regions have weak financial resources and low governmental spending in higher education even with the support of national policies. Some provinces in the eastern region belong to same classification in higher education governmental spending obviously. Provinces in central region and western region don't cluster obviously. Some provinces such as Hainan Province in eastern region are different to other provinces, which suggests that provinces in east regions belong to different cluster. In hierarchy cluster analysis central and western region and northeastern region belong to one cluster. Eastern region should be fractionized so that input policy could be appropriate for adjusting higher education governmental spending. Central, western and northeastern regions should be combined to one great region so that the governmental spending in higher education could be balanced. The spatial features of regional governmental spending in higher education show that regional governmental spending is concentrated but the concentration is less than that of GDP and income stratification, which means that government couldn't offset market failure but alleviate it. The evaluation of output of governmental spending in higher education proves that the output is not only influenced by the stock but also the productivity which is decided by regional factors such as cluster, relationship with economy and income stratification, absorbing the spillover of higher education of government spending outside of the region. The research also demonstrates that outputs of regional government spending in higher education vary a lot but tend to decrease. That is the co-function of the scale and productivity of regional government spending in higher education, the output has significant influence on higher education total factor productivity, scale of government spending in higher education, economic growth, and further the income stratification among the regions.

Strategy of governmental spending in higher education in national viewpoint, the optimization of central governmental spending in higher education should increase the regional input, collect funds for higher education through multi-channels, take things from the better-off regions and give them to the poorer ones, make transfer payments to compensate the efficient loss of governmental spending in higher education of undeveloped provinces. In the governmental spending of higher education in eastern, central, western and northeastern regions, governmental spending should support higher education develop first in eastern region, help higher education resource sharing in northeastern region, aid higher education to rise in central region, tilt to higher education quality improvement in west region and carry out the program of counterpart support between universities and colleges in eastern region and western region. Strategy of governmental spending in growth pole of higher education gathering area should fund growth pole to have first-class universities and first-class disciplines, the developed drag the undeveloped. Strategy of governmental spending in higher education in old revolutionary area, ethnic areas, remote area, impoverished area and grass root areas should set up a comprehensive local colleges, run a university or college jointly with a 4-year university or college adjacent in geography or enlarge an original normal college to a comprehensive local college. Strategy of governmental spending in higher education in region viewpoint, the governmental spending in higher education in political and economic regions, the regions with strong politics and economy should input more for higher education to build first-class universities and first-class disciplines in the world and develop the income stratification reasonably. Regions with strong politics and weak economy should get more funding from the central government through the political advantage and change the advantage to development of higher education and strive for reasonable income stratification. Regions with weak politics and strong economy should make use of the economic advantage to compensate spending in higher education to develop higher education and push reasonable income stratification. Regions with weak politics and economy should adopt following policy. Governmental spending in higher education in regions such as Yangtze River economic zone, one belt and one road should support higher education, aid higher education going out, industry-university-institute cooperate and to bring in higher education. Yangtze river economic zone should allocate input structure of higher education, train talents and attract talents gathering in universities and colleges by multi-methods. Coordinated development of Beijing, Tianjin and Hebei should perfect the environment of working together and benefitting each other, clarify the responsibility of higher education. Center cities should support all-level higher education developing coordinately, talent training and talent bringing in and set up the platform of university - enterprise cooperation. Remote cities should push higher education develop based on spatial allocation and accelerate higher education develop by means of unbalanced development. The suggestions for the strategy of higher education governmental spending from the national viewpoint are to adopt measure of cost compensation of central government to underdeveloped regions, stipulate scientifically the cost burden ratio of student in underdeveloped regions, perfect national grant - aided system, build appraisal system of governmental spending in higher education, push the development of international professional accreditation and set up benefit compensation and incentive mechanism for the cooperation among regions. The suggestions for the strategy of higher education governmental spending from regional viewpoint are to set up governmental spending mode in higher education for coordinated development within regions, push regional higher education develop differently, open to the inside and outside, strengthen performance appraisal of higher education of local officials and develop opening-up investing system of higher education.

Key words: governmental spending in higher education; income stratification; new economic geography; spatial allocation; inbalanced coordinative input

目　　录

导　　论

一　研究背景、意义和目的

（一）研究背景

我国经济自改革开放以来，可以说是蒸蒸日上，GDP 从 1978 年的 0.3650 万亿元涨至 2015 年的 67.67 万亿元；与此同时，收入分配差距也在不断扩大，我国的基尼系数自 1999 年以来，一直在 0.4 的国际警戒线之上高位运行，表明我国收入分配存在严重的不均等。这些情况已引起政府与社会的密切关注。高等教育作为人力资本的重要培养方式，在提高收入、推动经济增长方面有着重要功效，很多学者也就高等教育、经济增长、收入分配做过众多的调查研究。本书基于过往的研究，重点探讨区域高等教育财政支出配置状况，及对收入分配的影响，力争为区域高等教育财政支出的合理配置提出一些政策建议，以对收入分配产生正面影响。

（二）研究意义

1. 国家高等教育财政体制发展的需要

《国家中长期教育改革和发展规划纲要（2010—2020 年）》明确提出，教育投入是支撑国家长远发展的基础性、战略性投资，是教育事业的物质基础，是公共财政保障的重点。大力促进高等教育财政支出公平，合理配置高等教育资源，重点向农村、边远、贫困、民族地区倾斜，提高家庭经济困难学生资助水平，积极推动农民工子女平等接受教育，让每个孩子都能成为有用之才，此乃我国高等教育财政投入导向。2014 年全国教育工作会议上，教育部部长袁贵仁指出，要深化教育领域综合改革,统筹教育支出结构。因此探讨怎样分配高等教育财政资源,增加大众接受高等教育的机会,使之合理发挥社会均衡器的功效相当关键。2016年全国教育工作会议上,袁贵仁提出"十三五"时期,国家要加大人力资本投资,教育要加大投资于人的力度,确保教育财政拨款的增长快于财政经常性收入的增长,确保财政支出总额中教育经费所占比例逐步提高,国家教育要严肃督导教育经费法定增长落实情况,与转移支付、招生计划、院校设置等紧密相关,要健全高等教育生均拨款制度,形成确保财政教育投入稳定增长的长效机制。要突出经费分配重点,加大对中西部地区、边疆地区、民族地区、贫困地区及革命老区的投入力度。本课题在已有研究基础上,就过去研究中的不足、重点和难点,如高等教育财政支出与收入分层的功能定位、高等教育财政支出与收入分层的地理区位分布特征及其评价、老少边穷和基层县(市)高等教育财政支出与收入分层分布状况等深入研究,试图为国家高等教育财政支出优化布局、加强中央—地方高等教育融合发展、提高贫困地区高等教育发展水平等重大问题提供应用基础研究,为国家高等教育财政体制发展和支出规划工作提供决策参考。

2. 高等教育财政支出引领和支撑社会成员共享发展成果

2014年国务院总理李克强在政府工作报告中指出,收入是民生之源。要深化收入分配体制改革,努力缩小收入差距。2016年李克强在政府工作报告中指出,要建设世界一流大学和一流学科,提高劳动年龄人口平均受教育年限,完善收入分配制度,缩小收入差距,提高中等收入人口比重,让人民的物质生活更富裕,还要让人民的精神生活更丰硕,跨越中等收入陷阱。合理的收入分层有利于社会各阶层成员间利益占有和分配关系的协调,有助于社会稳定发展。影响收入分层的因素有先天性因素(家庭背景、民族、政策制定)与自致性因素(个人经由自身努力所获取的学识、技能与学历)。当今社会,社会成员收入提升主要依赖于自致性因素,教育特别是高等教育成为社会成员获取优质自致因素的主要方式,也是推动收入分层合理化的主要原动力。本课题通过对高等教育财政支出的地理区域分布特征、基于政治经济二维聚类的类型区划分、区域高等教育财政支出及其对应收入分层的匹配关系等的研究，将有助于从国家战略角度指导各地理区域根据自身政治经济特点，结合经济社会发展需求，形成"上下交互"，制定各具特色的高等教育财政支出与收入分层的发展战略和发展模式，切实发挥高等教育财政支出引领与支撑社会成员共享发展成果的功能，提低、扩中、控高，推动"橄榄形"收入分层格局的形成。

3. 完善高等教育财政支出与收入分层理论的需要

目前，关于经济现象的地理区域分布特征及其成因的研究较多，但对高等教育财政支出与收入分层的地理区域分布特征及其成因的研究却比较少。从理论研究的需求条件看，只有幅员辽阔或地理区域差异显著的少数国家，如美国、日本等，才较为关注地理区域高等教育财政支出与收入分层的研究；从研究的难易程度看，地理区域高等教育财政支出比国家高等教育财政支出的影响因素更为复杂，地理区域高等教育财政支出与收入分层不仅受经济发展水平影响，而且受政治、高等教育财政体制、地理区域财力、地理区域高等教育基础、国家高等教育财政支出地理区域布局等影响都较大，进而对收入分层产生影响，发生作用的机制复杂，导致国际上关于地理区域高等教育财政支出与收入分层的理论研究较少，还未成体系。我国是一个幅员辽阔、地理区域千差万别的国家，同时我国正处于由计划经济向市场经济转轨阶段，受国家高等教育财政支出地理区域布局等影响，即使经济水平相似的地理区域，高等教育财政支出活动不仅在总量上，而且在财政支出结构、运用主体、应用类型等方面也有着巨大差异。中国的现实，既有从新经济地理视角研究高等教育财政支出与收入分层的必要性，又为研究提供了良好素材，以地理区域高等教育财政支出与收入分层为研究对象，把中国特色的现实问题研究提升至理论高度而推向世界，具有理论与学术创新价值。

本课题将在理论上明确回答什么是新经济地理视角的高等教育财政支出与收入分层，为什么要发展新经济地理视角的高等教育财政支出，高等教育财政支出的影响因素、发展模式，高等教育财政支出与收入分层之间的关系；通过实证回答我国高等教育财政支出在总量、结构上的地理区域分布特征，高等教育财政支出与收入分层的地理区域分布特征的异同点及相互影响关系，如何评价目前的地理区域分布状况等问题，揭示高等教育财政支出与收入分层的内在规律，有利于完善高等教育财政支出与收入分层理论。

（三）研究目的

（1）完善高等教育财政支出与收入分层地理区域理论，形成较为系统和科学的理论体系。本课题在理论方面希望明确回答什么是高等教育财政支出地理区域投入、为什么要投入区域高等教育、哪些因素影响高等教育财政支出的地理区域分布、高等教育财政支出模式、中央与各地理区域高等教育财政支出的职责和定位、高等教育财政支出与收入分层关联机制等，形成比较完整的体系。

（2）形成规范的实证研究。本课题将引入新经济地理学的研究方法（Theil 指数、Shift-share 分析法等）与计量经济学研究方法（如 Cluster 分析法、多元回归、AHP、DEA 等），对高等教育财政支出的地理区域分布性质、成因和评价结合收入分层展开实证研究，发展为方法合理科学，学术严谨规范的实证研究。

（3）为国家与各地理区域高等教育财政支出引导收入分层合理化提供理论指导。在理论分析和实证研究之上，从国家与地理区域两个层次分别提出相应的高等教育财政支出引导合理收入分层的投入战略和政策建议，为国家与地理区域高等教育财政支出完善提供决策参考。

（4）经由案例分析，为其他地理区域高等教育财政支出引导收入分层合理化发展提供借鉴。本研究择选出较为典型的不同层次地理区域高等教育财政支出与收入分层的发展案例展开分析，供其他地理区域作为学习借鉴之石。

二　国内外研究现状及发展动态分析

（一）关于高等教育财政支出与收入分层理论的研究

1. 国外关于高等教育财政支出与收入分层理论的研究

高等教育财政支出相关理论。人力资本投资理论（human capital investment），经由教育投入增加人力资源，扰动未来的货币收益与精神收益的活动（Becker，1964）。马太效应理论（matthew effect），高等教育财政支出最初分配的迥异，心理评判上的偏向，优势的集聚，高等教育财政支出配置上出现多的更多、少的更少，运作结果呈现出收入分层中穷者愈穷、富者愈富（Merton，1995）。地方标尺竞争理论（yardstick competition），即基于信息的横向财政竞争，同级政府辖区内的选民会经由对比邻近辖区间的公共服务水准，作出相应选举投票决定，辖区内官僚为能当选，会考量以邻近辖区的公共服务视作施政参照依据，从而影响高等教育的财政投入（Lazear 和 Rosen，1981）。粘蝇纸效应理论（flypaper effect），中央政府划拨给地方政府部门的高等教育款项会黏附于款项到达的地方部门，进而提高该地方政府部门的高等教育支出，增加的水平高出其税收增长引发的地方政府高等教育支出水平（Stine，1994；Gamkhar 和 Oates，1996）。总体上这些相关理论为新经济地理视角的高等教育财政支出与收入分层提供了理论基础与合理性解释：发达地区通过投资高等教育，培育人力资本，带来地方经济增长与人均收入增加，欠发达地区也可以经由高等教育投资，带来人均收入的增加，地方标尺竞争和粘蝇纸效应会使各地增加高等教育财政支出进而缩小收入差距，马太效应会加大各地高等教育财政支出差异进而增加各地收入差距。

收入分层相关理论。一元分层理论（a hierarchical theory），生产资料的占有与否及占有多寡取决于人们经济收入的多寡，还取决于人们社会地位的高下（Karl Marx，1968）。多元分层理论（multivariate hierarchical theory），社会资源中最为重要的乃物质财富（含金钱）、社会声誉与政治权势，决定收入分层（Max Weber，1978）。功能主义理论（funciton theory），收入分层乃普遍情状，也是不可规避的必然情状；收入分层由于社会协调、社会整合与社会团结而发生，收入分层可满足社会整体与个体的需求，还可提升社会效能与个人效能；收入分层源于社会进化，经由社会进化而变动（Kinsley Davis 和 Wilbert Moore，1945）。冲突理论（conflict theory），收入分层乃普遍情状，但并非不可规避的必然情状；收入分层源于人们间的冲突、竞争与征服，收入分层仅可满足社会中的权势群体与权势个体的需求，还会阻碍与扰动社会效能与个人效能；收入分层乃经由武力或强力维系，收入分层只能经社会变革发生波动（Ralf Dahrendorf，1959；C. Wright Mills，1951；Melvin M. Tumin，1953）。

新经济地理相关理论。关于高等教育财政支出地理区位分布的研究：Caffry 和 Isaacs（1971）认为高等教育财政支出倾向聚集于发达的城市。Becker 和 Chiswick（1966）提出高等教育财政支出具有高聚集性和强大的人力资源吸附性。Chiswick（2011）指出高等教育财政支出地理布局具有双向性特征，即人力资本创造过程的集中性与人力资本活动的流动性。关于高等教育财政支出地理聚集与收入分层关系的研究：Eckstein 与 Zilcha（1994）认为高等教育财政支出地理聚集对收入分层具有正效应。代理人在高等教育私人支出与财政支出中抉择，私人支出对收入差距的扰动主要取决于设定参数，但高等教育财政支出对收入差距的减少作用不容置疑。Turrini（1998）主张高等教育财政支出地理聚集对收入分层具有负效应。内生性的人力资本公共投资对技能型与非技能型之间的收入差距有增强功效，来自公共的高等教育投资，不能均等化配置，代理人只顾及自身与后代的福利，不会把其内化为社会总福利，高等教育财政支出相对投资不足，造成收入差距拉大。Raln（1989）坚持高等教育财政支出地理聚集对收入分层没有缩小或扩大的明显影响。关于高等教育财政支出区域间扩散规律的研究：一个国家要在高等教育财政支出上实现平衡发展仅仅是理想，现实中难以达成，高等教育发展通常乃从一个或若干个"发展中心"逐步向其他地区扩散，因此要遴选特定的地理区域为"发展极"，推动地理区域高等教育极化发展。优先发展特定区域高等教育目的乃经由集中使用财政资源、聚集可以节约资源、合理化财政资源配置（Bouderille，1976）。总而言之，新经济地理理论对高等教育财政支出与收入分层的地理分布特征和规律展开了有益的探讨。

2. 国内关于高等教育财政支出与收入分层理论的研究

必要性研究：秦志飞（2012）从发展中国家与发达国家高等教育财政支出的对比分析，说明我国高等教育财政支出配置对收入分层的重要意义。沈华（2012）从区域地理视角，说明高等教育财政支出合理区域配置的必要性。严全治、张倩倩（2010）从国家和区域的角度，说明高等教育财政支出的必要性、对收入分层的作用与功能定位。高等教育财政支出与收入分层发展研究：黄臻、易罗婕（2012）指出加大高等教育财政投入总量，引入公平化投入机制促使财政支出均衡化，加大对教育落后地区的投入。创建趋于公平性的高等教育财政支出体制，恰当处理中央与地方高等教育财政分权关系，使中央政府的财政责任真正面向全国的所有高校。建立规范的高等教育财政转移支付制度，引入评估机制，优化财政拨款手段。蔡昉（2013）认为中等收入陷阱扩张收入差距，既得利益者尽力维持现有经济社会制度，出现政治贪腐，要规避中等收入陷阱，需提升高等教育财政支出规模，保持高等教育发展速度。①

（二）关于高等教育财政支出与收入分层实证的研究

1. 国外关于高等教育财政支出与收入分层的实证研究

Duncan（1967）按大都市统计区对美国高等教育财政支出的地理分布进行分析，发现美国高等教育财政支出在各区域间存在非均衡，前8个区域高等教育财政支出占比达60.3%，与其人口和就业占比不

---

① 蔡昉：《通过改革避免"中等收入陷阱"》，《南京农业大学学报》（社会科学版）2013年第5期。

相符，对收入差距有负效应。[①] Hooson（1971）对英国高等教育财政支出进行地理分布探析，发现英国大伦敦地区获取份额过大，扩大了收入分配差距。Bruder（1986）研究德国的高等教育财政支出，发现高等教育财政支出具有高度聚集的特征，慕尼黑获取的财政支持远高于其他地区，影响了收入分配。Hanson（1997）基于墨西哥各地区高等教育财政支出的面板数据，发现各地区与墨西哥城的距离、各地区与边境的距离对高等教育财政支出皆呈现负相关关联，对收入分层也是如此。

2. 国内关于高等教育财政支出与收入分层的实证研究

国家大区域视阈的实证研究：杨林、李渊（2013）利用明瑟教育收入函数，证实我国各地区平均收入和高等教育财政支出间存在正相关关系。秦惠民、杨程（2013）运用区域面板数据对地方政府高等教育投入努力程度进行实证分析，显示地方政府间高校经费投入的努力程度存在显著差异，地方的财政分权及政府竞争对地方政府高等教育努力程度具有负效应。在引入交互项之后，发现财政分权和政府竞争对东部地区的负效应最大，东部地区高等教育投入努力程度最低。省份及城市视阈的实证研究：邓宏亮、黄太洋（2013）基于省级面板数据，综合利用空间面板回归和门槛面板回归模型探讨了经济发展中高等教育财政支出的空间外溢性及门槛特征，研究显示，高等教育财政支出对收入分层效应显著，但各地间存在差异，高等教育财政支出增长率存在地理分布上的非均衡。经济发展中高等教育财政支出效应存在门槛属性，财政支出对收入分层的正效应随着财政支出增长率的提高而下滑。高耀、顾剑秀、方鹏（2013）对107个城市的高等教育投入与区域社会收入协调度展开实证研究，结果表明：城市高等教育投入和区域社会收入协调度有所下降，各主要城市高等教育投入由高到低呈现出"省会城市→东部沿海城市→中西部内陆城市"的分布特

---

① Ducan Otis Dudley, "A Socioeconomic Index for All Occupations", *Occupations and Social Status*, ed. A. J. Reiss, New York: Free Press, 1961, pp. 109–138.

征；收入水平分布由高到低大体呈现出"东部省会城市和直辖市→东部沿海城市→东部内陆城市→中部城市→西部城市"的分布特征；主要城市高等教育投入对区域社会收入分层合理化的贡献非常显著，但贡献度随时间推移有所下降；城市之间社会收入差距逐步加大，且社会收入间的差异整体上远大于高等教育投入间的差异。城乡视阈的实证研究：陈斌开（2010）基于 CHIP 数据，对收入差距进行 Oaxaca-Blinder 分解，构建涵盖厂商、消费者、政府与教育部门的四部门理论模型，施行数值模拟，结果显示高等教育支出的受益水平差别乃我国城乡收入差别的最重要扰动因素，偏向城市的高等教育财政支出导致城乡收入差别拉大。高等教育财政支出配置的评价研究：李东灏（2013）认为我国高等教育财政支出配置效率不高，并分析了缘由在于财政拨款方式单一，欠缺科学的成本核算机制和竞争机制，拨款及使用过程中信息不透明、公众参与程度低。王学峰、蔡文伯（2011）重点从地域角度，采用 DEA 交叉评价方法定量研究新疆高等教育财政支出配置效率的状况，发现源于区域经济差距、民族文化差异、评价观念陈旧、方法简单，造成区内民、汉间教育差距，进而影响了少数民族高等教育资源配置的公平与效率。王善迈、袁连生等（2013）构建了由 3 个二级指标和 18 个三级指标构成的教育发展指数，对我国大陆 31 个省份的教育发展总体水平及教育投入水平、教育公平水平进行了测算与比较分析，发现，教育发展总体水平较高的省份其社会成员收入水平也较高；而教育投入水平东部经济发达省份较高，西部经济欠发达省份比中部经济较发达省份高；教育公平水平与经济发展水平没有密切关系。教育投入水平的影响因素为经济发展水平和人口；教育公平水平的影响因素为城乡经济发展差异和省份内财政分权。①

---

① 王善迈、袁连生、田志磊、张雪：《我国各省份教育发展水平比较分析》，《教育研究》2013 年第 6 期。

（三）关于高等教育财政支出与收入分层发展导向的研究

1. 国外关于高等教育财政支出与收入分层发展导向的研究

Tinbergen（1981）通过对美国、加拿大和荷兰的相关数据进行研究，认为美国、荷兰高等教育财政支出没有明确的地理区域目标，加拿大有一定的地理区域目标，目标是缩小城乡间高等教育财政支出非均衡和收入差距。多数发达国家对高等教育财政支出的地理区域目标具有模糊性和非导向性。Birdsall 和 Londono（2004）认为欧盟正在加强高等教育财政支出的地理区域导向策略，如博洛尼亚进程激励各国充分利用高等教育资源，提升高等教育质量与国际竞争力，推进欧共体的高等教育一体化，缩小收入差距。[1]

2. 国内关于高等教育财政支出与收入分层发展导向的研究

刘柄秀（2013）指出，为实现高等教育财政支出在收入分层中的积极效用，需要完善高校助学贷款体系。王小红、梁雪秋（2013）指出，重塑农村社会对高等教育价值的认识、加强对弱势群体的差异补偿和完善市场与社会规则能够使高等教育财政支出改变农村学生的身份成为可能。张文耀（2013）认为我国高等教育财政支出的地理区域导向有所加强，为缩小收入差距，实现社会公平，高等教育财政支出逐渐向欠发达地区倾斜，部分高等教育财政支出计划开始强调地理导向，专门面向西部地区，但我国高等教育财政支出布局还是集中于少数区域，尤以高校聚集区为主。

（四）国内外已有研究的述评

基于新经济地理视角高等教育财政支出与收入分层的已有研究，在理论上，就研究的必要性、意义和发展理论已有翔实的解释；在实证上，对高等教育财政支出与收入分层的地理分布非均衡性也达成共识，不同地理区域间的高等教育财政支出与收入分层存在明显差距，在导向研究中也比较充实，只是如何付诸实践且获取成效还存在疑

---

[1]　Nancy Birdsall & Juan Luis Londono，"Asset Inequality Does Matter: Lessons from Latin America"，*American Economic Association Papers and Proceedings*，Vol. 16，No. 2，2004.

问。现有研究存有一定不足。

地理区域高等教育财政支出的影响因素与影响程度有待进一步研究。目前普遍将经济发展水平作为决定性影响因素，但政治、高等教育财政体制、地理区域财力、地理区域高等教育基础、国家高等教育财政支出地理区域布局等因素也影响着高等教育财政支出，进而影响收入分层，所以需要对影响因素与影响程度进一步展开探究。

高等教育财政支出的地理分布特征、成因及其评价研究不足。高等教育财政支出与收入分层的实证分析主要从总量指标展开分析，没有突出结构性指标的地理分布特征。在成因分析中，也有从经济和政治展开维度分析，但欠缺对两者的动态演变及交互关系的研究。在评价研究中，高等教育财政支出与收入分层间到底正相关抑或负相关，存在相互矛盾的说法，为什么有如此大的差别，还需要进行深层次探讨。

高等教育财政支出地理区域投入战略和重点研究的基础不足。若各地理区域仅从发展需要制定高等教育财政支出的投入战略和重点，易引致自成体系，发生重复性建设和教育资源的浪费，因此需要从国家视阈乃至国际视域对高等教育财政支出战略展开功能定位，核心乃加强新经济地理视角高等教育财政支出与收入分层的发展特征研究。但目前普遍欠缺从国家视阈对高等教育财政支出与收入分层匹配关系的研究，使高等教育财政支出投入战略难以结合收入分层从国家视阈与地理区域自身上下联动中拟定，这皆需要进一步探究。

三　研究内容和研究方法

（一）研究内容

本课题研究内容包括高等教育财政支出与收入分层的基本理论、高等教育财政支出与收入分层地理区域分布的实证（重点研究）、地理区域高等教育财政支出和收入分层发展战略（重点研究）、国内外典型地理区域高等教育财政支出与收入分层案例四大部分（理论和实证部分已具一定研究基础，关键乃凸显重点、难点和拔高，提出相应的高等教育财政支出与收入分层地理区域发展战略）。

1. 基于新经济地理视角的高等教育财政支出与收入分层基本理论研究

研究思路：什么是高等教育财政支出？什么是收入分层？高等教育财政支出有哪些模式？哪些因素影响高等教育财政支出？怎样把高等教育财政支出转化为社会合理的收入分层？内容包括：

（1）高等教育财政支出、收入分层及相关概念的界定，重点是对广义和狭义高等教育财政支出内涵与统计方法的界定。特别说明：本课题认为高等教育财政支出要从广义和狭义两个视域界定，广义的含义：政府对我国高等教育事业发展给予的财政拨款，包括两个内容，一个为预算内高等教育经费（教育事业费拨款、基建拨款、科研经费拨款、其他经费拨款）；另一个为各级政府征收用于高等教育的税费（教育费附加、企业办学校教育经费、校办产业、勤工俭学与社会服务收益用于高等教育的经费）。狭义的含义：预算内高等教育经费。对广义和狭义的高等教育财政支出概念、内涵的界定及其统计方法等差异是本课题研究的基石。收入分层就是根据一定的经济标准将社会成员划分成高低有序的等级层次。

（2）地理区域高等教育财政支出模式，包括累进型、公式型、绩效型、衍生型、复合型等。

（3）地理区域高等教育财政支出的影响因素，从地理区域经济水平、政治、高等教育财政体制、地理区域财力、地理区域高等教育基础和国家高等教育支出地理区域布局等因素及影响因素的关联性探究。

（4）地理区域高等教育财政支出与收入分层之间的关系，包括分布模式、关联或链接模式。

2. 基于新经济地理视角的高等教育财政支出与收入分层实证研究（重点研究）

研究思路：高等教育财政支出地理区域分布性质，影响因素，高等教育财政支出与收入分层的地理区域布局，怎样评判。

因循如上研究思路，研究内容涵盖（5）—（10），共6方面，其中，（5）—（6）为分布性质分析、（7）—（8）为缘由分析、（9）—（10）为评价分析。

（5）高等教育财政支出地理区域分布特征，包括经济区、省级区、省内城市，通过对省级区聚类分析，重点分析高等教育财政支出聚集区特征、东中西与东北地区高等教育财政支出梯次性特征。

（6）高等教育财政支出结构性地理区域分布特征，包括高等教育财政支出运用主体（部属院校、省属院校、市属院校等）、高等教育财政支出应用类型（经常性支出与资本性支出）。

（7）高等教育财政支出与收入分层地理区域分布的政治经济关联研究，用变差系数、Theil 指数等分别对政治与经济进行地理区域关联分析；采用多指标评判体系的层次分析法（AHP）、主成分分析法（PCA）等展开政治经济二维聚类分析。

（8）地理区域高等教育财政支出影响因素的多元回归分析（分别就广义、狭义的高等教育财政支出与地理区域经济水平、政治、高等教育财政体制、地理区域财力、地理区域高等教育基础、国家高等教育财政支出地理区域布局等影响因素进行分析）。

（9）高等教育财政支出及其对应地理区域收入分层的匹配关系分析，收入分层状况：用新经济地理学的区位商、地理集中度、收入结构模型展开分析；高等教育财政支出水平：用各地教育基建费占高等教育财政支出的比重、各地教育事业费占高等教育财政支出的比重、各地人员经费占财政教育事业费的比重、各地公用经费占财政教育事业费的比重、各地专职教师经费占人员经费的比例、各地生均高等教育财政支出比、各地生均高等教育成本比、各地生均高等教育财政支出的教育成本弹性差异、中央和地方院校生均财政教育经费比展开定量研究，并将定性与定量结果综合分析各地理区域高等教育财政支出水平；最后将各地高等教育财政支出水平分析与其对应收入分层分析结合，比对两者的匹配关联关系；制作相应分类地图。

（10）高等教育财政支出资源配置结果综合评价分析，用多指标的数据包络法（DEA）对狭义的各地理区域高等教育财政支出展开资源配置收入分层结果评价。

3. 高等教育财政支出地理区域投入战略与政策研究（重点研究）

研究思路：依照理论探讨和实证分析的结果，从国家层面与地理区域层面提出一系列、多层次的高等教育财政支出地理区域投入战略。

本部分研究内容包括（11）—（20），共 10 个部分，其中（11）—（14）为国家层面高等教育财政支出地理区域投入导向战略，（15）—（18）为区域层面高等教育财政支出投入战略，（19）—（20）为相应政策措施。

（11）中央高等教育财政支出地理区域配置优化战略，包括地理区域配置优化的原则、思路与优化模型。

（12）高等教育财政支出投入战略区：东中西与东北地区高等教育财政支出投入战略，东中西与东北地区高等教育财政支出投入战略不仅要展现梯次性，还要发挥各地理区域的优势与特色，推动中西部地理区域收入分层合理化发展。

（13）高等教育聚集区"发展极"高等教育财政支出投入战略，采用地理区域的聚类分析方式，借鉴新经济地理学的"发展极"战略，提出高等教育聚集区高等教育财政支出投入战略内涵、思路和重点。

（14）老少边穷与基层高等教育财政支出投入战略，经由实证分析，提出增加老少边穷与基层地区高等教育财政支出引导社会分层合理化的投入思路和重点。

（15）政治经济类型区高等教育财政支出投入战略，经由二维聚类分区的实证分析，提出各类型区高等教育财政支出引领收入分层合理化的投入重点。

（16）长江经济带等经济区高等教育财政支出投入战略，根据地理区域高等教育财政支出与其对应收入分层的实证分析，指出各经济区高等教育财政支出投入重点和方向。

（17）中心城市高等教育财政支出投入带动战略，包括中心城市的高等教育财政支出投入带动、新兴城市（县及县级市）的高等教育财政支出投入战略。

（18）边缘城市高等教育财政支出投入跟随战略，服从和服务于地方经济社会发展，其投入的规模、速度、结构与重点主要由国家对地方经济社会发展的战略部署而定，处于跟随境况。

（19）国家层面高等教育财政支出投入战略的政策建议，包括优化国家高等教育财政支出规划、高等教育财政支出地理区域布局优化、加强对老少边穷地区高等教育财政支持等政策建议。

（20）地理区域层面高等教育财政支出投入战略的政策建议，包括优化地方高等教育财政支出规划体系、构建地理区域高等教育资源共享平台等政策建议。

4. 高等教育财政支出地理区域投入与收入分层案例研究

包括：

（21）国外高等教育财政支出地理区域投入与收入分层案例研究，以美国为例。

（22）经济区高等教育财政支出与收入分层案例研究，以长江经济带为例。

（23）省级行政区高等教育财政支出与收入分层案例研究，以西藏自治区为例。

（24）地级市高等教育财政支出与收入分层案例研究，以山西太原、大同、阳泉、长治、晋城、朔州、晋中、运城、忻州、临汾、吕梁等地级市为例。

（25）县（县级市）高等教育财政支出与收入分层案例研究，以贵州凯里或新疆石河子为例。

（26）高等教育聚集区高等教育财政支出与收入分层案例研究，以昆明市呈贡县大学城、廊坊东方大学城等为例。

（二）研究方法

1. 理论与实证相结合

理论分析主要经由大量国内外文献阅读，并结合高等教育财政支出与收入分层发展特点和中国国情，展开深入探索研究。实证分析中，采用新经济地理学关于经济现象区域分布结构相似度、空间集中度、Theil 指数等研究方法；还采用了聚类分析、多元回归分析等计量分析方法等。数据来自于《中国财政年鉴》《中国统计年鉴》《中国教育年鉴》《中国教育经费统计年鉴》等。

2. 案例与调研

课题组选择一些有代表性的地区和城市进行调研，展开案例分析，如对成渝经济区、贵州凯里、新疆石河子、昆明市呈贡县大学城、廊坊东方大学城等进行调研。此外，针对中央高等教育财政支出投入布局优化等发展战略问题，课题组就国家教育部、财政部、地方高等教育管理部门进行咨询、调研、吸纳反馈意见等。

四 创新和不足

（一）创新

1. 研究方法上的创新

本课题将利用新经济地理学分析方法（譬如空间集中度、变差系数、Theil 指数、Shift-share 分析法、结构相似度等）研究高等教育财政支出与收入分层的地理区域分布，使此研究得以进一步深入开展，是该领域研究方法上的创新与拓展。本课题还将从总量、结构、政治与经济分布对比的角度分析高等教育财政支出与收入分层，有利于全面系统地分析认识，揭示了重要的地理区域分布特征，如政治因素影响高等教育财政支出，引起高等教育财政支出更为集聚，拓展与深化了现有研究，为深入认识与科学评判我国高等教育财政支出与收入分层的地理区域分布提供了合理依据。

2. 研究思路上的创新

现有高等教育财政支出与收入分层的研究思路多从区域视域着眼，本课题以为高等教育财政支出与收入分层的地理区域发展战略研究应涵盖两大方面：一乃国家层面的高等教育财政支出地理区域导向战略（包括中央高等教育财政支出地理布局优化、高等教育聚集区"发展极"战略、老少边穷与基层地区高等教育财政支出投入扶持战略等）；二乃区域层面的高等教育财政支出地理区域投入战略（包括政治经济类型区、长三角等经济区、中心城市、边缘城市高等教育财政支出投入战略等）。同时，基于区域收入分层合理化乃高等教育财政支出的目标，提出高等教育财政支出与相应收入分层的匹配关系研究，由此采取对应策略，有助于从国家与区域两方面"上下互动"地制定高等教育财政支出地理区域投入发展战略，此亦是战略思路上的创新之一。

（二）不足

研究中探讨区域高等教育财政支出产出的影响因素时，经济水平、政治、高等教育财政体制、地理区域财力、地理区域高等教育基础和国家高等教育支出地理区域布局，运用每 10 万人高校在校生数代表高等教育财政支出产出效率，运用区域高等教育财政支出增加值/全国高等教育财政支出增加值反映高等教育财政支出区域布局，可能不够准确，影响着实证分析的准确程度，难以精准地反映现实情况。未来会采用更恰当的指标来代表高等教育财政支出产出效率和高等教育财政支出区域布局。

探讨地理区域高等教育财政支出与收入分层分布模式、内生关系与空间溢出效应关系时，只是从理论上进行分析，缺乏数据进行实证研究，未来需要对地理区域高等教育财政支出与收入分层分布模式、内生关系与空间溢出效应关系搜集数据进行模拟仿真，以期获得更为准确的政策基础。

第一章

基于新经济地理视角的高等教育财政支出与收入分层基本理论研究

第一节　高等教育财政支出、收入分层及相关概念的界定

一　高等教育财政支出

（一）定义

高等教育财政支出要从广义和狭义两个视域界定，广义的含义：政府对我国高等教育事业发展给予的财政拨款，包括两个内容，一个为预算内高等教育经费（教育事业费拨款、基建拨款、科研经费拨款、其他经费拨款）；另一个为各级政府征收用于高等教育的税费（教育费附加、企业办学校教育经费、校办产业、勤工俭学与社会服务收益用于高等教育的经费）。狭义的含义：预算内高等教育经费。

纽约州立大学总校校长、纽约州立大学布法罗学院院长、宾夕法尼亚大学副校长、高等教育财政问题专家、世界银行顾问 Bruce Johnstone 提出高等教育成本分担理论（theory of higher education cost-sharing，1986），将高等教育成本分类为教学成本、学生生活成本与机会成本，将政府、学生家长、慈善家归为分担高等教育成本的主体，各主体根据各自收益率的大小及支付能力高低来分摊高等教育成本。因此，教育收益率乃划分各主体承担高等教育投资的恰当比例的核心。政府投资追求的是最大化的社会收益，因此要用社会收益率评判政府

投资效益，而不是用私人收益率来评判。如若高等教育社会收益率大于私人收益率，那么政府应在高等教育的成本分担中担当重任。最初的研究显示高等教育私人收益率大于社会收益率，这就要求私人学生家长、慈善家在高等教育投资中担当重任。而世界银行高等教育与社会特别工作组坚持高等教育投资的社会收益非常大，远大于私人收益率。为中国等发展中国家政府在高等教育成本分担中的责任担当提供了坚实的理论依据。但在不同国家的不同发展阶段，政府和私人间怎样分担高等教育成本，不仅要顾及受教育者家庭的收入状况，更要思量政府的财力状况，若政府财力雄厚，政府就应当在高等教育的投入中勇担重任。

自 1978 年以来，我国经济社会发展迅猛，国际地位显著增强，国家综合实力不得提高，伴随而来的是国家财政收入每年也在突飞猛进地递增，表 1-1 显示 2000 年以来我国财政收入数据。2015 年，财政收入达到 15.22 万亿元，比上年增加 1.19 亿元，增长 8.4%。显示中国政府在高等教育上有着雄厚的物质支持基础。

表 1-1　　　　　　　　　2000—2015 年中国财政收入情况

年份	财政收入（万亿元）	财政收入增长率（%）
2000	1.34	17.5
2001	1.64	22.2
2002	1.89	15.2
2003	2.17	14.8
2004	2.64	21.6
2005	3.16	19.7
2006	3.94	24.6
2007	5.13	30.2
2008	6.13	19.5
2009	6.85	11.7
2010	8.31	21.3
2011	10.37	24.8

续表

年份	财政收入（万亿元）	财政收入增长率（%）
2012	11.73	12.8
2013	12.91	10.1
2014	14.03	8.6%
2015	15.22	8.4%

资料来源：历年《中国统计年鉴》、财政部网站（http：//www.mof.gov.cn）、统计局网站（http：//www.stats.gov.cn）。

（二）高等教育财政支出的特征

就高等教育事业属性来看，高等教育财政支出有着连续性、固定性与递增性的特征。

1. 高等教育财政支出乃连续性的支出

高等教育作为人才培养活动，"一年之计，莫如树谷；十年之计，莫如树木；百年之计，莫如树人"，隐喻着高等教育要培养人才，需要长期的累积，乃连续性的事业，高等教育财政支出非一次性地支出，需要连年不断地支出。在信息化社会，社会需要更多高素质的人才，对受教育者的要求也更高，使高等教育财政支出更需要连续不辍地支出。伴随科技进步与生产力的快速上升及科技创新的高标准与高要求，对劳动者的受教育程度及知识更新要求持续提高，高等教育普及化发展，不断有劳动者要求接受高等教育，进而就需要高等教育财政的连续性支出。

2. 高等教育财政支出乃稳定性的支出

高等教育对人的培养过程需要较长时间，且高等教育的财政支出需求数额巨大，但高等教育的收益却不是一蹴而就的，这要求高等教育财政支出具有一定的稳定性，不能起伏过大，以确保支出的可持续性。各国通常会在国家财政中明确教育支出的一定占比，来确保包含高等教育的教育支出的稳定性发展。我国的教育法等法规也明确了教育支出的一定占比，预算严格约束，不允许随意调整。

3. 高等教育财政支出乃递增性的支出

伴随经济社会的日益发展，对人才提出日新月异的高要求，随着物价水平的上涨与生活水平的提升，培养高等教育毕业生的平均成本也在持续提高，涵盖高等教育机构、教职人员薪金，对人才的高要求也需要高消耗，高等教育规模增大进而需要基础设施等的相应扩充，皆需要持续地增加高等教育财政支出。物质产品的单位生产成本伴随科技进步日益下滑，而高等教育人才培养的单位费用则呈现连续递增的态势。

二　收入分层

（一）定义

分层（stratification）来自地质学研究术语，指地质构造的各个不同层面。社会学借用"分层"来探讨社会收入的纵向结构。对收入分层有着多种界定，总体来看可分为两大类，一类把收入分层看作一个客观过程，主张收入分层乃社会成员在社会生活中由于获得经济资源的能力差异与机会有别而表现出高低不同的经济等级或层次的过程或现象；另一类把收入分层看作一种主观方法，主张收入分层就是依照一定的经济标准将社会成员划分成高低不同的等级层次。这两种不同的界定相互补充，第一类界定是第二类界定的基础，第二类界定是第一类界定的反映。收入分层的结果是层。

西方学术研究中，收入分层和阶层、阶级常可通用，以分层研究替代阶层、阶级分析。而中国学术研究中，收入分层和阶层、阶级的概念并用。收入分层的含义更广，包含阶层、阶级。广泛来看，分层内容具体涵盖阶层、阶级与层界。阶层乃社会中处于一定地位的社会集团，是在一定生产关系以外，地位相同的人们所构成的社会集团，划分阶层的依据有经济、职业、受教育程度、权力、社会声望等因素。阶级乃涵盖政治、经济、思想在内的宽泛的社会范畴，阶级的划分依据乃经济因素，反映人们在一定生产关系中的地位，涵盖生产资料的占有关系，在社会劳动组织中的功用，获取财富的方式与数量。

层界乃阶层、阶级以外的社会集团；层乃社会依照垂直方向分化出的一些小规模的社会团体，多数存在于阶层内，也有的存在于阶层间或阶级间；界乃社会依照水平方向分化来的一些小规模的社会团体。层界区别于阶层、阶级之处在于层界的划分依据既非生产资料占有关系的一致性，亦非社会经济地位和功用的一致性，而是收入和收入来源、受教育程度、劳动分工、宗教、信仰等方面的一致性。层界的划分反映了最普遍的社会差别存在的客观性。可见，收入分层乃较为宽泛的概念，乃体现收入差异的一般性概念，涵盖阶层差异、阶级差异及层界差异。

（二）研究范围

收入分层理论研究范围广博，主要涵盖两方面：收入分层的标准及不同收入阶层社会成员的特征；怎样测度收入分层。

1. 收入分层的标准及不同收入阶层社会成员的特征

（1）收入分层的标准

经济资源在收入分层中居于显要位置，经济资源具本原的属性，经济资源配置的差异会影响收入的多寡，引起收入分层。经济资源的内容较为宽泛，引发划分收入分层的具体标准也有所不同。

第一，以生产资料的占有或剥削与被剥削为标准来划分收入阶层。许多收入分层理论研究者十分关注经济资源在收入分层中的重要功用，但其所关注的经济资源的内容有较大差别，引发收入分层的目的与目标也发生较大差别。

依照生产资料的占有或剥削和被剥削划分收入阶层，这正是阶级分层的根本属性，社会对立、阶级对立的本质上是生产付出和占有剩余价值、剩余劳动的议题，有人成为剩余价值的付出者，有人成为剩余价值的占有者，进而引起收入的分层，其中缘由就在于所有权，譬如农场、土地、公司、企业等生产资料的所有权。这也说明了各冲突群体、各阶级间的争执或斗争。这种标准有利于认清收入分层的实质，展望中国经济社会体制改革中阶级分层的长远发展态势，还有利于对阶级对立可能出现的社会后果实行政策性调整。但这种标准冲突色彩浓厚，若广为传播，易造成社会矛盾激化，不利于社会和谐。

第二，以收入高低为标准划分收入阶层。根据这个标准，下层群体为低收入者，中间层群体为中等收入者，上层群体为高收入者，此种收入分层标准使用较为普遍。我国自1978年改革开放以来，打破了平均主义的利益分配格局，出现了利益差异与社会分化，主要体现在收入方面。以收入高低划分各收入阶层操作简便，实用性强，国家统计局每年都向社会公布按照收入划分的各阶层收入状况。

在收入分层中，依照收入高低标准来划分社会群体对协调社会关系较为有利。高收入、中等收入与低收入只是对事实的描述，没有明显的褒义或贬义，中央文件中也多采用这种分层方法，譬如2013年十八届三中全会《中共中央关于全面深化改革若干重大问题的决定》提出要规范收入分配秩序，完善收入分配调控体制机制和政策体系，建立个人收入和财产信息系统，保护合法收入，调节过高收入，清理规范隐性收入，取缔非法收入，增加低收入者收入，扩大中等收入者比重，努力缩小城乡、区域、行业收入分配差距，逐步形成橄榄型分配格局。

第三，以市场地位为标准划分收入阶层。市场地位乃指人的生存机会或掌控商品劳务等的能力，也就是指人们在市场中能够交换到或获得的经济资源。比单纯依照收入来对各阶层进行划分更为进步，因为综合收入的高低不仅来自收入，还可能来自其他经济资源的占有，譬如对财产、商品、信息、机会或市场能力的占有等。这种标准整合了个人的生活机会与生活状况，反映了个人的实际收入状况。尽管不同于传统的从生产关系上对各收入阶层的划分阶层，但更为准确真实。生产关系标准看重的乃内在本质，市场关系呈现的乃外在表现。本质要紧，外在表现也重要，两者合一才能体现收入分层的实情。采用这种标准有助于辨识社会上因交换关系形成的不同利益团体，譬如生产厂家与消费者、借方与贷方等。

（2）不同收入阶层社会成员的特征

一是同一收入阶层的社会成员在社会生活中的地位大体相似，在经济关系、政治倾向、收入水平、教育程度、社会声望等方面呈现出一定程度的同一性。

二是不同收入阶层之间在纵向上存在高低错落有序的等级关系。

三是不同收入阶层乃职业、所得、教育等方面综合作用的结果。收入分层作为一种客观实在存续于社会生活之中，从静态视角看，任何社会都存在收入分层现象，且在一定时间内相对稳定。

四是不同收入阶层的内涵会发生调整，且个人也许会上升到较高的收入阶层，亦可能滑落到较低的收入阶层。从动态视角看，收入分层的作用因素连续不断地被克服与否定，新的作用因素又会相继出现，任何社会的收入等级秩序都不是一成不变的，收入分层始终处于不断变化的状态。

总体来看，收入阶层的本质乃经济资源分配的不平等而在社会成员间形成的层级境况。经济资源本身是有限的，个体的发展与社会系统的正常功能性运转又极其需要经济资源，人人都想获得经济资源，于是有限的经济资源作为稀缺性资源价值高昂，有限的经济资源有着不同的分配规则，总是保证一部分人优先获得，因此就形成了不同收入阶层的利益关系。社会成员愈来愈关注自身的阶层境况和有限经济资源的分配制度。

2. 收入分层的测定

（1）不平等指数

不平等指数是采用最高收入者与最低收入者的比例之和表示收入分配不平等程度，把最高收入者在总人口中的占比和最低收入者在总人口中的占比相加，两者的和代表收入分配的不平等程度。在实际运用中，如果不好明确最高收入者与最低收入者的界限，通常把贫困线以下的社会成员看作最低收入者，把收入在平均收入水平两倍以上的社会成员看作最高收入者。不平等指数呈现出社会贫富两极人口的分布境况。若不平等指数大，表明贫富分化程度高；若不平等指数低，说明社会中间阶层占比较大，收入分配较为平等。

（2）五等分法

五等分法乃把所有人口分成 5 个等份，看每一等份的人口收入在社会总收入中的占比。五等分法是 F. W. Peche（1957）最早提出的，他按照人均收入的高低把总人口分成 5 个等份，再测算每部分人口收入在总收入中的占比。

（3）基尼系数

基尼系数是由意大利经济学家 C. Gini（1922）提出，基尼按照 Lorenz 曲线设定指标来测算收入分配的不平等程度。Gini 系数计算公式为：$g=a/(a+b)$，g 表示基尼系数；a 表示实际收入分配线和绝对平均线间的面积；b 表示实际收入分配线和绝对不平均线间的面积。Gini 系数比较精准地反映了财产分配、收入分配的不平等程度，在收入分层研究中使用较为广泛。

（4）恩格尔系数

德国统计学家 Engel（1857）提出，一个家庭收入越少，用来购买食品的开支在总支出中的占比就越高，这是"Engel 定律"。根据"Engel 定律"得出的系数叫作"Engel 系数"，Engel 系数乃食物支出额在全部生活消费支出额中所占比率，Engel 系数的计算公式为：Engel 系数＝食物支出额/消费支出总额，Engel 系数可以用来测算社会成员的总体生活水准。食品支出是消费总支出中首先考量的问题，只有满足该层次消费需求之后，消费才会向其他方面扩张，因此，食品支出的占比可在一定程度反映生活水准的高下。Engel 系数越小，生活水准就越高。联合国粮农组织（Food and Agriculture Organization of the United Nations，FAO），提出划分贫富的标准线，即 Engel 系数在 59% 以上为赤贫，50%—59% 为温饱水平，40%—50% 为小康水平，30%—40% 为富裕，30% 以下为最富裕。

（5）社会经济地位量表

社会经济地位量表可测算社会经济地位的综合境况，以社会教育地位、经济收入地位、职业地位的综合值为指标，呈现社会成员社会经济地位的高下。每个地位划分为 5 个等级，把各个地位的所得值相加，得到的总分就是指标值，根据获得的指标值就可以对社会成员的经济地位等级进行划分。

第二节　地理区域高等教育财政支出模式的路径依赖与锁定效应研究

地理区域高等教育财政支出模式乃政府向高校提供财政资金的总量、支出方式及资金使用的过程和结果等方面的制度安排与体系，支出模式涵盖供给机制、分配机制与问责机制，关系到政府财政可以供应的资金规模、怎样供应、向谁供应及财政资金怎样在高校间分配、财政资金使用的过程和结果怎样等问题，乃国家教育管理制度与教育财政制度状况的集中体现，乃国家发展高等教育事业的重要经济支撑，亦为国家管控高等教育、推动高等教育均衡发展的重要方式。高等教育财政支出的范围乃国家财政性教育经费在高等教育方面的分配，但由于高等教育存在外部正效应，市场可能会不愿充分供应，发生市场失败问题，需要由政府介入来解决高等教育供应不足的问题。财政支出正是政府发挥调节作用的有效方式，政府可经由增加财政支出来确保高等教育事业的顺畅发展，也可经由对各个类别、各个层次与各个专业的高等教育财政支出规模、支出方式的变动与支出绩效的评判来调控高等教育的发展方向与发展速率，推动高等教育的均衡有序发展。高等教育财政支出模式随着社会进步，高等教育的发展不断演变。

一　地理区域高等教育财政支出模式

地理区域高等教育财政支出模式包括累进型、公式型、绩效型、衍生型、复合型等。

（一）累进型

累进型高等教育财政支出模式是基数加增长的模式，其支出增加的部分主要根据高校原有规模的扩张来安排，譬如新增专业、新增项目或招生规模的增加等，主要采用公式测定、经验判别或一定的增长比例来确定支出的增加数额。累进型模式在 20 世纪七八十年代在许多国家被广泛采用。累进型的支出模式较好地顺应世界高等教育大众化发展的需要，在高等教育从精英教育走向大众化教育的转变过程中，较好地应对了高等教育的大众需求与高等教育的大发展之间的矛盾。

1949 年新中国刚成立之时，着重于社会主义改造，预算管理制度尚未成体系，高等教育财政支出亦无一定之规。1955—1986 年，我国高等教育财政支出主要采用累进型的基数加增长模式，政府给予高等教育的财政资金以前一年度的财政资金数额为依据，再根据本年度高等教育发展需要、社会环境、国家财力适当调增，以确定当年的高等教育财政支出数额。此种支出模式基于定员定额，综合考量高校的发展规模、人员编制、房屋设备需求及业务需要，支出规模依年适当调增，确保了高等教育经费的稳定，但由于此种支出模式不是基于高校发展的成本分析，而是以前一年度的支出为依据，前一年所支出的费用越多，本年可分配到的经费也就越多，易造成资金靡费，且此种支出模式不够透明，财政支出的基数确定较为随意，高校之间人均经费有较大差别，无助于高校公平竞争、控制成本与提升支出使用效率，不利于调动高校的办学主动性与积极性。逐渐被公式型支出模式与绩效型支出模式所代替。

（二）公式型

公式型高等教育财政支出模式于 20 世纪 80 年代被工业化国家逐渐采用，政府依照总的生均成本安排财政支出，对生均成本的各构成要素根据其重要性赋予相应权重。在公式型支出模式中，各要素的权重决定了高校经费争取、专业调整、招生规模、学籍管理等活动的轻重缓急。许多国家在确定公式型支出模式中各要素的权重时，多考量学习时间、专业类型与学习级别和层次等因素，再依照生均成本确定具体的支出数额。公式型高等教育支出模式不断改进，其优点也日益被各国所接受与认可。

1986 年我国《高等学校财务管理改革实施办法》明确高校年度教育事业费预算，由主管部门根据各类、各层次学生的需要与高校所在地区的不同境况，在国家财力许可范围内，依照综合定额加专项补助的方法予以核定。综合定额加专项补助就属于公式型的高等教育财政支出模式，综合定额涵盖教职工工薪、补助工资、职工福利费、学生奖学金、业务费、公务费、设备采买费、维护修理费，其他费用、差额补助费等。依照各高校的规模、层次、专业与发展确定生均教育经费定额，再依照学生人数计算出各高校的综合定额，专项补助作为对综合定额的补足，专项补助涵盖专业设备补助费、离退休人员经费、长期外籍专家经费、世界银行货款设备维修维护费、特别项目补助费等，是政府按照国家政策引导意图，综合考量高校的特殊发展需要，单独给予高校的资金补助。专项补助多数经由竞争方式获得，项目发布单位下达项目专项，符合条件的各高校就项目提出申请，经由项目发布单位的审核批准，高校获得项目经费，项目的进行与结果受到项目发布单位的监督评判。专项资金具有项目众多、金额庞大、使用范围宽广的特征，各级部门经常采用专项资金方式安排高等教育资金，在高等教育支出中占比大。此种支出模式在财政资金经费分配中较为公平，较符合高校实际，高校还可自主安排使用上级给予的经费，结余资金自行掌管，避免了高校资金使用中的浪费，极大地促进了各高校发展的主动性和积极性，特别是在高等教育大众化发展过程中，也刺激高校招生规模的扩大，专项资金的支出方式、使用管理扰动着相当规模的高等教育财政资金的使用效率，专项补助下出现了"211"工程、"985"工程、高校科技创新计划等旨在提升高等教育质量，争创国际一流高校与一流学科的项目。且各高校人员经费与公用经费的确定中，依然基于以前年度的历史数据，专项补助的分配主观性也较强。在综合定额加专项补助实施进程中，有些地方囿于财力，把综合定额加专项补助转换为限额补助加专项补助，造成财政支出不能满足高校快速发展之时的正常经费需求。

（三）绩效型

绩效型高等教育财政支出模式乃依照一些绩效指标分配高等教育财政资源的方式，这些绩效指标乃支出公式中的主要因素。此模式把财政资金的分配直接同提升高校办学效率与办学质量的目标相挂钩。绩效型高等教育财政支出模式的关键与难题在于怎样实施绩效评价。绩效型高等教育财政支出模式可分为两类，一类乃以培养的有效学生数为评价指标，有效学生数非传统意义中的实际注册学生数，而是获得大学文凭或学历证书的学生数或考试过关的学生数；另一类乃由专门的高等教育评价组织设置可测定高校办学效率与办学质量的绩效指标，据以对高校施行评价。只有少数国家、地区诸如丹麦、美国的Colorado州在高等教育财政支出公式中全面施行绩效支出，多数国家、地区在公式型高等教育财政支出中，主要按生均成本确定支出数额（约90%的比重），其他资金按照绩效因素进行配置。

自2002年起，我国财政部对中央部门的预算核定方式改成基本支出加项目支出预算，属于绩效型高等教育财政支出模式。基本支出预算乃为确保行政事业单位的正常运作、履行日常职责而制定的年度基本支出计划；项目支出预算乃行政事业单位为达成特定的行政事业发展目标，在基本支出预算之外制订的年度项目支出计划。对高等教育的财政支出也依此方式施行改革。对高校而言，基本支出的资金乃为确保高校正常运作、履行日常高等教育任务的年度基本支出，涵盖人员经费与日常公用经费。基本支出采用定额管理，人员经费支出基于教职工人数、离退休人数而定，包含离退休、医保支出，日常公用经费基于学生人数而定，属于生均综合定额拨款支出。

基本支出加项目支出的绩效型高等教育财政支出模式的采用旨在提升有限高等教育资源的使用效率，防范资金使用中的贪污腐败，乃国家财政管理制度革新在高等教育财政支出上的体现，顺应了宏观体制环境的发展需要，缓解了综合定额加专项补助的公式型高等教育财政支出模式所引发的高校盲目上规模、提层次的问题，但此种模式尚处于初级发展阶段，不够健全，究其本质不过是综合定额加专项补助的预算形式化。

（四）衍生型

衍生型高等教育财政支出模式乃合同拨款，通常使用投标—招标的方式，多用于高校科研经费的拨付。在 20 世纪 70 年代，很多国家发生经济滑落、高等教育经费短缺的状况，各高校绞尽脑汁开辟财源，政府部门便经由投标—招标的衍生型合同拨款手段向高校供给科研经费。丹麦、英国、荷兰、法国等国家皆使用了此模式，此模式本身就涵盖着由高校内部或由政府组织的评价，采用此模式有利于激发高校自主办学的主动性与积极性，推动高校提升教育质量。但此模式也有一些不足，譬如，不利于高校基础学科和基础研究、专业学科发展与学术创新、科学研究发现的及时传递、学术自由等。

省部重点共建，教育部和地方政府签订合同一道建设"985"工程、"211"工程高校。调集中央与地方资源支持教育部属院校的建设，推动世界一流高校的建设，促进部属高校积极服务地方。省部共建地方高校，自 2004 年起，教育部同中西部没有教育部直属高校的省（自治区、兵团）签署合同共建一所地方高校。教育部已同中西部14 个省（自治区、兵团）签订合同共建新疆大学、广西大学、郑州大学、云南大学、石河子大学、内蒙古大学、宁夏大学、山西大学、西藏大学、青海大学、河北大学、南昌大学、海南大学、贵州大学、西北大学、西北师范大学、河南大学、浙江工业大学 18 所高校。教育部还同陕西省、湖南省、吉林省、江西省分别签订合同，省部共同重点支持湘潭大学、延安大学、井冈山大学、延边大学 4 所省属地方高校。除了省部签署合同共同发展高等教育事业之外，还与省市签署合同共同建设高校。通过合同拨款建设各地高校，缩小了地区间高等教育发展差距，推动少数民族地区与革命老区高等教育事业发展，促进优质高等教育资源空间上的均衡分布，优化高等教育财政支出的空间结构布局，引导区域高等教育水准提升，推动区域社会发展与经济增长，进一步完善我国高等教育财政管理制度。

（五）复合型

复合型高等教育财政支出模式乃累进型、公式型、绩效型、衍生型中的两种或两种以上模式共同使用。高等教育财政支出涵盖高等教育事业费、科研费、基本建设费与专项经费，不同的经费可能会采取不同的方式进行财政资金的投入，高等教育事业费可能会采用累进型模式配置资金，高校科研费可能会用绩效型模式配置资金，基本建设费也许会采用衍生型模式配置资金，专项经费或许会采用公式型模式配置资金。

我国随着国家对高等教育财政支出的增加，更加偏向于采用公式型和绩效型的高等教育财政支出模式，公式型模式可以确保资金分配的合理性、公平性，符合高校实际，绩效型模式推动高校日益关注高等教育的产出效率，提高资金使用效益。

但是在不同种高等教育财政支出模式的应用中，会发现高等教育资金在使用中还是存在不尽合理、有失效率与公平的方面。绩效型、公式型、衍生型高等教育财政支出模式的"立"与累进型高等教育财政支出模式的"破"乃辩证统一的过程，公式型、绩效型、衍生型高等教育财政支出模式的构建必定会面对过去累进型高等教育财政支出模式的竞争，公式型、绩效型、衍生型高等教育财政支出模式需面对累进型高等教育财政支出模式借其占先优势所形成的路径依赖与锁定效应。

二　路径依赖和锁定效应理论

美国古生物学家 Eldredge 与 Gould（1972）发现物种进化通常跳跃式进行而非渐变式进行，偶然的随机突变因素会扰动物种进化路径，抛出路径依赖说法。David（1985）在社会科学研究中引入路径依赖概念。Arthur（1989）分析技术演化有自我强化与路径依赖属性。North（1990）在制定变迁研究中引入路径依赖概念，分析历史上政治经济演进模式的决定因素为偶然因素、制度收益递增、网络外部性等，造成经济体系闭锁绩效长期低迷。① 路径依赖不仅为一种锁定 (lock-in) 状态，现有社会经济制度的结构与形成路径在一定程度上锁定于过去的结构与路径上，此锁定也许效率高，也许效率低，抑或无效率；亦为一种过程，乃一种非普遍性随机动态过程，社会经济制度的变动不可逆转，发展方向无法回归原有结构与形态，也非线性，社会经济制度演变路径不会收敛于某单一情状，存在多种演变可能。初始的偶然因素对社会经济制度演变路径有较大影响，路径依赖作为在众多单个事件序列构成的自增强过程，初期的些微差异易引起随后时期发展路径与绩效差别巨大。路径依赖认为社会经济制度演变中存在时间因素与历史的滞后。在到达某一临界点时，制度进入锁定境况，难以摆脱现有发展路径，不能步入更有效的可替代轨道，出现报酬递增、正反馈、自增强局面，历史的滞后也许是历史事件结果引发的，也许是历史自身内在规则与秩序引起的。

三　地理区域高等教育财政支出模式的路径依赖和锁定

高等教育发展和高等教育财政支出关系密切，高等教育财政支出总额欠缺与支出的不科学不合理乃束缚高等教育发展的主要缘由，亦为高等教育发展中的最大阻碍。伴随我国高等教育从精英教育转向大众教育，高等教育财政支出规模不断上升，支出模式不断修正，但依然存在不尽如人意的方面，扰动着高校的办学自主权、办学积极性。若不解决这些问题，就会沿着原有错误路径不断前进，甚至锁定于某种低效率而停滞不前，在锁定状态下要有所变革是非常困难的。

高等教育财政支出模式演变中的路径依赖和锁定呈现为功能性锁定、认知性锁定、政治性锁定 (Grabher, 1993)。

（一）功能性锁定：锁定于高校间的趋同化发展

长期、稳定的高等教育财政支出模式，逐渐在高校内部形成相对

---

① Arthur, W. B., "Competing Technologies, Increasing Returns, and Lock - in by Historical Events", *Economic Journal*, Vol. 99, No. 3, 1989.

闭锁、稳定的资源圈，减弱了高校到财政之外获取新资源的动机，高校锁定于既有资源的最大化获得上，降低了高等院校特色发展的可能性。

在我国公式型高等教育支出模式中，综合定额的参数计算公式为，折合在校生数＝普通本专科（高职）生数＋硕士生数×1.5＋博士生数×2＋留学生数×3＋预科生数＋进修生数＋成人脱产班学生数＋夜大（业余）学生数×0.3＋函授生数×0.1，可以看到决定参数的变量，普通本专科（高职）生数、预科生数、进修生数、成人脱产班学生数皆依照实际人数测算，而硕士生数按实际人数的 1.5 倍计算，博士生数按实际人数的 2 倍算，留学生数按实际人数的 3 倍算。根据《财政部、教育部关于完善中央高校预算拨款制度的通知》（财教〔2008〕232）要求细化绩效型高等教育财政支出模式中的综合定额生均拨款标准，以人员经费基本持平、公用经费体现差别为准则，合理确定公用经费和人员经费的占比，核定公用经费基础标准 3000 元/生，人员经费基础标准 4000 元/生，对不同本科学科设定公用经费的学科折算系数，确定各学科公用经费的定额标准，依照中央高校发展需要，考量财力、物价变动、高校学生人数等情况，动态调整公用经费与人员经费基础定额标准实行动态调整，但公用经费的学科折算系数中，硕士生数按实际人数的 1.5 倍计算，博士生数按实际人数的 2 倍算。中央高校如此，地方高校亦如此，拿天津来看，自 2014 年起，天津市市属普通本科高校生均拨款公用经费折算系数，哲学 1.00、经济学 1.02、法学 1.02、教育学 1.02、文学 1.00、历史学 1.00、理学 1.15、工学 1.45、农学 1.30、医学 1.60、管理学 1.02、艺术学 1.50，博士生按同学科本科生的 2 倍核算公用经费，硕士生按同学科本科生的 1.5 倍核算公用经费。尽管公式型高等教育财政支出模式不断调整完善为绩效型高等教育财政支出模式，还是可得出高校经由增加硕士生、博士生的招生规模，可获取更多的财政投入。造成高校不顾自身实际，一味提高办学层次、走综合型大学发展道路，趋同化发展，欠缺办学特色。

（二）认知性锁定：锁定于财政有效供给不足

政府部门与高校互动频仍，发展成一种趋同化的群体性思维，造成对高等教育财政支出模式的错误判断，引发高等教育财政有效供给匮乏。

在衍生型高等教育财政支出模式中，省部签署合同共同建设高校，合同中只明确中央的静态财政责任，未明确中央的动态财政责任，省部共建高校的基本建设投资依照共建前的基数核准，教育事业费亦依照共建时划转的在校生人数核准，未考量高校每年扩大招生规模的因素，中央与省级政府没有对共建高校扩招带来的资金需求达成新的责任分担合同条款，省级政府采用依照在校学生人数生均经费固定比例动态拨款，中央政府依然依照共建前教职员编制人数固定拨款。且由于变更隶属关系，高校可从原来所属部委或行业获得的基本建设经费诸如设备投资拨款、教育经费补助及各类专项经费皆不再享有。导致省部地方共建高校办学经费不足。省市签署合同共同建设高校，也存在类似问题，部分地方政府由于财力薄弱，难以落实财政对高等教育的支出安排，依照当前统计口径，市级生均经费拨款涵盖中央财政与省级财政安排的提高生均拨款水平奖补资金，真正为市级财政安排的生均经费主要是正常拨款中的在编人员工资、失业保险、养老保险等。在高等教育大众化发展过程中，省市共建高校也有提升高等教育毛入学率的要求，高校招生规模年年扩张，在校生人数日益提高，师资队伍也不断扩大，高校人员经费支出不断增长，地方政府先要解决人员经费支出，能切实安排的日常公用经费补助少得可怜，基本建设经费与债务偿还经费更是少之又少。

（三）政治性锁定：锁定于长官意志

以支持高等教育发展为目标的政府干预，形成高等教育内部的政府和高校间的政治行政体系，扰动着高等教育的发展方向，使高等教育的发展可能会游离于顺应市场机制自我更新和事业转型的轨道之外。

《财政部教育部关于进一步提高地方普通本科高校生均拨款水平

的意见》（财教〔2010〕567）要求各地地方高校生均拨款水平不少于12000元，中央财政实施以奖代补。对生均拨款水平已达12000元的省份，在生均拨款水平无下滑境况下，中央财政每年定额给予奖励。对生均拨款水平未达12000元的省份，中央财政对各省份生均拨款水平增加所需经费依照一定比例给予奖补，奖补按照中西部地区35%、东部地区25%的比例及在校生规模、省本级财力增长状况进行测算。根据财政部、教育部要求，各省采取相应举措确保提供本省普通本科高校生均拨款水平，譬如河南省财政厅、河南省教育厅下达《关于进一步提高河南省普通本科高校生均拨款水平的实施意见》的通知（豫财教〔2011〕339号），也追随中央行动，建立推动省辖市增加高校生均拨款以奖代补机制、约束机制。对不符合生均拨款标准的省辖市，减少或取消高等教育专项转移支付资金，收缩本科生、研究生招生计划，暂时不允许申报审批硕士点、博士点，暂时停止新建高校、高校升格、高校更名审批等。在政府垄断高等教育资源配置情形下，高校发展处于政治定位准确与否之中。高校希望得到地方政府的认可，从地方政府获得资源，也希望得到中央政府的认可，从中央政府获得资源，在本科教育资源、硕士博士学位增设等的资源配置中分得一杯羹。高校在发展中何去何从，是听地方政府的，还是听中央政府的。"婆婆多了做起事来牵绊也多"。部属高校、省属高校、市属高校，在发展中受到各级政府的牵制，妨碍着高等教育资源的有效配置与流动，中央政府、省级政府、市级政府，各有各的打算，重复投资、低水平建设，难以合理整合高校专业结构，难以发挥高等教育聚合效应，高校不易办出特色，更不易争取世界一流。

四　地理区域高等教育财政支出的模式解锁和创新

高等教育财政支出模式的路径依赖及所形成的功能性锁定、认知性锁定与政治性锁定，是高等教育良性发展的枷锁，要摆脱枷锁，就要进行功能性解锁、认知性解锁与政治性解锁，对高教育财政支出模式进行创新。

（一）功能性解锁——高等教育财政支出模式分类分层

基本支出加项目支出的绩效型高等教育财政支出模式中，基本支出要看研究生数的多少而定，项目支出要看竞争实力，这些要素上部属高校强于省属高校强于市属高校，获得的资源也是部属高校高于省属高校高于市属高校。对各类高校分配资金时，要以扶优、扶特、扶需为准则，以发展目标不同、建设任务不同、政策支持不同、考核要求不同对高校施行分类管理，引导高校根据经济社会需求合理定位，强化高等教育内涵，谋求错位发展与特色发展，使高校在不同学科领域、不同层次形成自身特色，全面提升高等教育品质。

（二）认知性解锁——高等教育财政支出模式明确政府动态财政责任

衍生型高等教育财政支出模式中，要明确政府的动态财政责任，以合同签订之前的学生人数为基础确定支出规模，但要根据学生规模实际变动状况、通货膨胀率、政府扩招需要、学费调整情形等因素进行相应调整，从而确保高校可获得的发展资金。尽管《国务院关于进一步加大财政教育投入的意见》（国发〔2011〕22号）中中央要求教育费附加一律依照消费税、增值税、营业税实纳税款3%收取，地方教育费附加一律依照消费税、增值税、营业税实纳税款2%收取，土地出让收益减去土地开发、征地与拆迁补偿等后的余额的10%提取教育资金，各地在收入征管中需严格遵照执行，不允许任意减免，以增加地方政府对高等教育的投入，但还是要实事求是地认识地方政府的财力状况，确实不足的需要中央财政以转移支付形式或专项资金形式予以补足，实现部属高校、省属高校与市属高校的均衡发展，同时要政策支持民间资本的进入，允许高校采用市场融资方式引进技术设备。

（三）政治性解锁——高等教育财政支出模式去行政化约束

政府表面上尊重高校办学自主权，但未给予高校相应的资源控制权，资源控制权依然由行政长官所掌控，并依照长官意志进行分配，高校的法定办学自主权成了一纸空文。政府部门不断增强自身在高校拨款及经费使用中的主导作用，政府对高校的行政干预不断强化，专项转移支付资金，本科生、研究生招生计划，硕士点、博士点申报，新建高校，高校升格，高校更名，样样少不了政府的介入，高校办学自主权不断弱化，在高等教育财政支出模式中处于被动，没有话语权，财政专项经费革新、政府采购革新、国库集中收付革新又进一步约束了高校经费运用的自主权。高校对政府财政支出的依赖性极强，在行政长官拥有掌控大量办学资源状况下，高校在政府财政之外找寻资源供给的替代者的空间狭小，成本高昂，得不偿失。要想控制与影响政府的权力与决策，高校更是上天无路，入地无门。在高等教育财政支出模式中，政府需要切实尊重高校办学自主权，只进行宏观调控，根据对高校的教育质量评估结果，对高校进行资金分配，高校获取资金后再在内部同各学院协商分配资金，确保高校在依赖政府财政资金的同时享有较大的办学自主权。

第三节　地理区域高等教育财政支出的影响因素——兼评胡焕庸线的适度修正

中国东南部地域狭窄人口众多、西北部地域宽广人口稀薄。胡焕庸（1935）[①] 提出了瑷珲（黑河）—腾冲线，又称"胡焕庸线"，从黑龙江瑷珲到云南腾冲的直线两侧，东南面积占比 36%，人口占比 96%，西北面积占比 64%，人口占比 4%，东南与西北的平均人口密度比乃 42.6∶1。1982 年全国第三次人口普查显示，我国东南地区面积占比 42.9%，人口占比 94.4%，西北地区面积占比 57.1%，人口占比 5.6%。1990 年全国第四次人口普查显示，东南与西北地区人口占比分别为 94.2% 和 5.8%。2000 年全国第五次人口普查显示，东南地区面积占比 43.8%，人口占比 94.1%，西北地区面积占比 56.2%，人口占比 5.9%。2010 年全国第六次人口普查反映，东南地区人口占

---

① 胡焕庸：《中国人口之分布》，《地理学报》1935 年第 2 卷第 2 期。

比 93.9%，西北地区人口占比 6.1%。自从胡焕庸线提出以来，中国人口空间布局没有大变动，只是东多西少的空间布局更为凸显，且伴随着人口空间布局的差异，高等教育财政支出的影响因素也存在着东强西弱的空间布局。

这里主要探讨高等教育财政支出影响因素地理区域经济水平、政治、高等教育财政体制、地理区域财力、地理区域高等教育基础和国家高等教育支出地理区域布局等及影响因素间的关联性，兼从影响因素着手对胡焕庸线加以修正。

一　地理区域高等教育财政支出的影响因素

(一) 地理区域经济发展水平

地理区域经济发展水平乃教育支出的基石，区域高等教育要进步，教育支出乃最基础的物质基石与要件，教育支出取决于地理区域经济基础和经济发展水准。若无充足的教育支出，高等教育要想取得长足进步只能是镜中月、水中花。地理区域经济发展水平会扰动高等教育规模与发展速率。国民经济底子薄、经济发展水准低下，可支出于高等教育的资源也多不起来，高等教育规模难以扩张，发展速率也提不上去。世界各地的高等教育支出差距显著，发达地区和不发达地区间高等教育的入学率可能有几十倍的差距。因此，一个地区高等教育的发展规模与发展速率主要取决于地区经济发展水准，取决于能够用于高等教育的支出规模。同时，地理区域经济发展水平还影响着高等教育的培养目标、培养内容与培养手段。高等教育为国民经济社会发展培育人才，高等教育的培养目标、培养内容与培养手段皆需要服从服务于社会实际需要。当前社会正处于社会主义市场经济发展的初级阶段，要求高等教育培育的人才中，要有可参与新兴产业市场的高端人才，也要有可以参与一般生产部门及农村生产的专门人才。高等教育的培育目标、培育内容、培育手段皆需符合地方国民经济社会发展的实际需要。

从图 1-1 中可以看到，作为反映各地理区域经济发展水平的地区

生产总值，我国各省、自治区、直辖市地区生产总值与胡焕庸线存在
耦合，存在东强西弱局面，进而对高等教育财政支出发生相应作用。

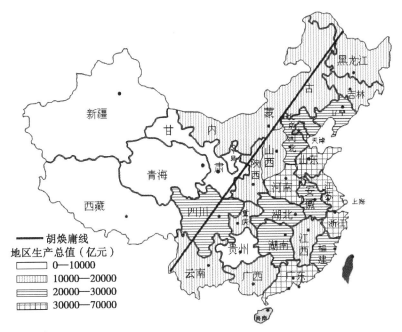

图1-1　2014年中国各省、自治区、直辖市地区生产总值分布状况

注：未注明中国台湾、香港与澳门的地区生产总值。

资料来源：各省、自治区、直辖市2015年政府工作报告。

（二）政治因素

政治对高等教育财政支出的影响是肯定存在的，但政治对各个区
域高等教育财政支出的影响程度各有不同，政治对区域高等教育财政
支出的影响造成高等教育财政支出的区域变动。政治对地理区域高等
教育财政支出影响主要表现在地区政治地位的不同、教育政策及实施
在地理区域上的不同。中国历史上高等教育财政支出重点区域的形
成，不是基于该区域原有的高等教育发展水平，而是基于该区域在国
家政治活动中重要性的提升。从历史上看，国民政府时抗日战争期间
高校西迁、战后回迁，新中国成立初期1950—1956年的高等教育政

治改造，院系调整，使高校彻底成为政府的附属，实行高等教育的计划经济体制。1958—1960 年的高等教育大跃进，3 年新建 1000 所高校，差不多 1 天新建 1 所高校，还有省号召 1 地 1 县 1 高校。1966—1975 年"文化大革命"引发高等教育基础设施建设停滞不前，软硬件受损严重。1993 年《中国教育改革和发展纲要》、1994 年《国务院关于〈中国教育改革和发展纲要〉的实施意见》要求，高等教育逐步施行中央与省、自治区、直辖市两级管理，以省级政府为主的管理体制，省级高等教育管理权限与职责加大，还要求高等教育改革从政治主导转至经济主导。1998 年，国务院要求教育部之外的其他 28 个部委逐渐不再承担办学职责，施行高等教育发展以区域为中心，服务区域经济。1999 年《中共中央国务院关于深化教育改革、全面推进素质教育的决定》提出高等教育扩张发展，1999—2005 年高等教育产业化，1995—2015 年的重点高校发展政策，2016 年起的"双一流"建设政策。这些政治变动都影响着地理区域高等教育财政支出。而且政策的制定者与执行者对地理区域高等教育财政支出的认知水平，皆会直接影响高等教育财政支出政策的执行效果。这里用地方政府努力度来测度政治对高等教育财政支出的影响，地方政府努力度 = 地方普通高校预算内教育经费/地方财政支出。

从图 1-2 中，可以看到胡焕庸线左侧的地区地方政府在高等教育财政支出上的努力程度要低于胡焕庸线右侧的区域。

(三) 高等教育财政体制

随着中国社会主义市场经济体制的发展，1998 年开始打造公共财政体制。政府安排财政收支以满足公共需求为己任，高等教育一方面具有外部正效应，社会可从高等教育中受益；另一方面个人也从高等教育中直接受益，根据成本收益对称原则，高等教育财政应采取政府财政、社会、私人共同负担的方式。我国形成了中央和地方共同分担、地方财政为主的高等教育财政制度。同时，中央政府不断调整中央和地方政府间的高等教育事权与支出责任，高等教育的事权与支出责任逐步下调，而财权财力逐步上划。地方政府需负责管控的高校事

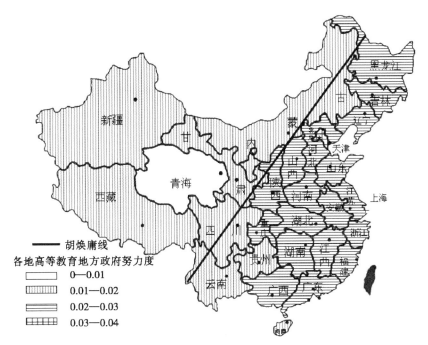

图 1-2　2013 年中国各省、自治区、直辖市地区高等教育地方政府努力度状况

注：未注明中国台湾、香港与澳门情况。

资料来源：教育部财务司、国家统计局社会与科技统计司：《中国教育经费统计年鉴 2014》，中国统计出版社 2015 年版；国家统计局：《中国统计年鉴 2014》，中国统计出版社 2015 年版。

权大于所能支配的财权财力，由于法律未明确规定中央与地方政府在高等教育上的权力与职责，造成欠发达地区的高等教育财政支出过少，高等教育发展缓慢，且地方政府对高等教育负担的支出份额较高，难以显现出中央对高等教育的宏观调控职能。这里从财政支出方面测算财政体制的分权度，借用 Iwan Barankay 与 Ben Lockwood（2007）的模型来构造高等教育财政分权度 $EDUDEC_{it} = PROEXP_{it}/(CENEXP_{it}+PROEXP_{it})$，其中，$PROEXP_{it}$ 代表第 i 个省份第 t 年省本级财政性高等教育经费支出总额，$CENEXP_{it}$ 代表第 i 个省份第 t 年中央负担的财政性高等教育经费。高等教育财政分权度越高，地方政府越是不情愿增加高等教育财政支出。

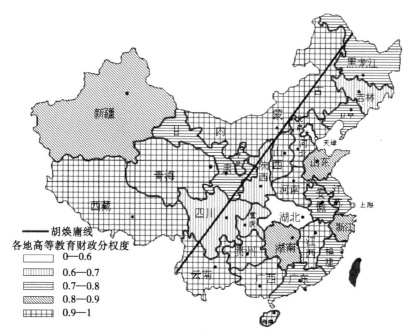

图1-3 2013年中国各省、自治区、直辖市地区高等教育财政分权状况

注：未注明中国台湾、香港与澳门情况。

资料来源：教育部财务司、国家统计局社会与科技统计司：《中国教育经费统计年鉴2014》，中国统计出版社2015年版。

（四）地理区域财力

我国经济发展呈现出胡焕庸线两侧的"东强西弱"格局，财政自给率也是如此，中央和地方高等教育财政支出作为中央和地方财政支出的组成部分，如果不能理顺中央和地方财政分配关系，财力配置制度不够健全，税收分配不够合理，整合政府间财力分配的法律不完善，会造成地区间财力的显著不均衡，造成高等教育的财政保障存在地区间的失衡，财力强的地区能够为高等教育提供强劲的经济资源支持，财力弱的地区只能为高等教育提供微薄的经济资源支持维持较低的支出水平，政府间不合理的财力分配使政府对高等教育的财政保障能力呈现两极分化。

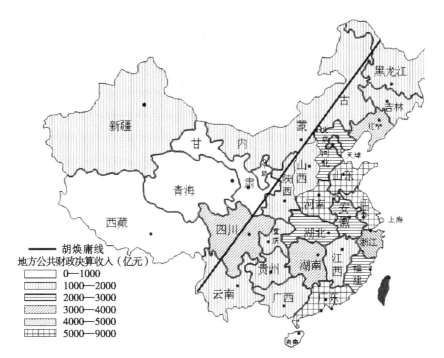

图1-4　2014年中国各省、自治区、直辖市地方公共财政决算收入分布状况

注：未注明中国台湾、香港与澳门的地方公共财政决算收入。

资料来源：各省、自治区、直辖市关于2014年预算执行情况和2015年预算草案的报告。

（五）地理区域高等教育基础

当前我国各省份高等教育皆步入大众化阶段，各省区市高等教育发展迅速，但各地高等教育基础仍然存在失衡现象。教育规模上，高校规模尤其是高校数量上，东部地区远超中部与西部地区，在区域之内，高校规模也存在较大不均衡，譬如处于胡焕庸线东侧的海南省，高等教育基础在胡焕庸线东侧处于后列，毛入学率、高校规模、基础设施、师资力量等皆位列东部地区的末尾，区域内差距显著。各省之内，高校过于聚集于4个直辖市与省会城市，京津沪三市高等教育毛入学率远远高于其他各省份，重庆高等教育毛入学率在西部各省份中名列前茅。各级政府在安排高等教育财政支出时，主要依照学生人数安排，东部地区、直辖市、省会城市高校多，学生规模大，得到的财政支出也多，西部地区、非直辖市、非省会城市高校少，学生规模小，得到的财政支出也少，从而造成高等教育财政支出在各区域、省域配置的非均衡。

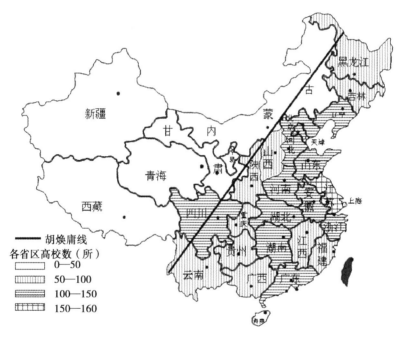

图 1-5　2014 年中国各省、自治区、直辖市高校分布状况

注：未注明中国台湾、香港与澳门的高校数。

资料来源：中华人民共和国教育部网站（http://www.moe.gov.cn）。

（六）国家高等教育财政支出地理区域布局

"211"工程是我国自 1995 年开始实施的，在 21 世纪之交重点打造约 100 所的高校与一批重点学科的建设项目，截至 2014 年，已有 112 所高校列入"211"工程建设之列。东部地区有 63 所"211"工程高校，中部地区有 17 所"211"工程高校，西部地区有 23 所"211"工程高校，东北地区有 11 所"211"工程高校。

　　"985"工程是我国从1998年着手推动的面向21世纪教育振兴行动计划中，重点发展清华大学、北京大学等39所高校，力争打造国际高水平大学与一流高校。东部地区有22所"985"工程高校，中部地区有6所"985"工程高校，西部地区有7所"985"工程高校，东北地区有4所"985"工程高校。

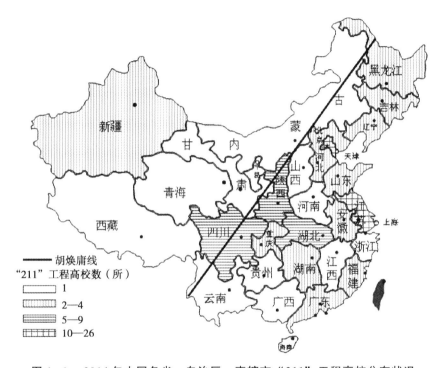

图1-6　2014年中国各省、自治区、直辖市"211"工程高校分布状况

　　注：中国台湾、香港与澳门无"211"工程高校，"985"工程高校皆为"211"工程高校，国家重点学科、国家重点实验室、教育部人文社科重点研究基地多数在"211"工程高校，故只对"211"工程高校分布做与胡焕庸线的耦合对比图。

　　资料来源：中华人民共和国教育部网站（http://www.moe.gov.cn）。

　　国家重点学科乃依照国家发展战略和重大需求，择优选择重点打造的培育创新人才、实施科学研究的重要基地。2006年依照《教育部关于加强国家重点学科建设的意见》，以"服务国家愿景，提升建设成效，健全制度机制，打造一流学科"为指引，评选出286个一级学科，677 个二级学科，217 个国家重点（培育）学科。东部地区有 188 个一级学科，中部地区 41 个一级学科，西部地区有 31 个一级学科，东北地区有 26 个一级学科。

国家重点实验室主要依托中国科学研究院各研究所、各高校。至 2014 年，高校参与打造的国家重点实验室共有 196 所。东部地区有 110 所高校参与打造的国家重点实验室，中部地区有 31 所国家重点实验室，西部地区有 36 所国家重点实验室，东北地区有 19 所国家重点实验室。

教育部人文社科重点研究基地共有 151 个，东部地区有 103 个，中部地区有 19 个，西部地区有 16 个，东北地区有 13 个。

在高等教育财政支出分配中，虽然中央政府安排的资金占比有所下滑，但所提供的高等教育财政支出向"211"工程、"985"工程、国家重点学科、国家重点实验室、教育部人文社科重点研究基地倾斜，而"211"工程、"985"工程、国家重点实验室、教育部人文社科重点研究基地东部地区最多，相应得到的支出也就多，西部地区少，得到的支出也就少。中央在高等教育财政支出地区配置上存在显著差异，造成优质高等教育资源向胡焕庸线东侧聚集，尤其是向北京聚集，引发区域间的资源配置严重失衡。

二　各影响因素间的关联性

（一）地理区域经济发展水平与财力

地理区域经济发展水平从根本上扰动着地方财政收入规模，国内生产总值（GDP）作为地方财政收入的主要源泉与物质基石，直接影响着地方财政收入大小。地方财政收入和地方社会经济发展水准紧密相关，经济越发达的地方，财政收入就越高。区域间的经济差距乃地方间财政能力差距存在的重要缘由，财政收入与经济发展水平乃交互作用，财政收入的增长有赖于经济发展水平的提高，财政收入在参与国民收入分配与再分配的进程，经由解决市场失败，把财政资源配置到高等教育活动中，培养人力资本，促进科技创新，进而推动经济发展水平的提升。

（二）政治因素与高等教育财政体制

化整为零的政治权威下高等教育财政分配的碎片化。政府部门在分配高等教育资金时，难以达成共识，造成各级政府间、政府内部呈现各自为政、利益割据、业务分割的局面。在化整为零的政治权威下，高等教育财政分配碎片化主要表现为部门主义，处置部门内部事务的部门本位主义。对高等教育财政分配的认知视域狭隘，囿于本部门视角，欠缺全局观念；高等教育财政决策及措施囿于本部门内，自成一体，无视各部门高等教育财政决策的相关性，欠缺整体观念；发生利益矛盾之时，视部门利益高于公共利益。在应对部门间高等教育财政资源配置时存在栅栏效应，在以利益为链接纽带、相互割裂、互相独立的关系中，各政府部门基于各自利益，或主动联合，或发生摩擦，在组织结构上出现"栅栏效应"，远观为一体，近观却各是各的、相互独立的组织构成。此部门主义行为，造成各政府部门一切高等教育财政配置行动从本部门视角着眼，依据各自的游戏规则来处置高等教育财政配置问题，置高等教育财政分配中的事权与支出责任的统一于不顾。高等教育财政资源配置中的政策决策过程对于高校事权有着明晰的规定，而预算过程对于政府部门的支出责任则是模糊的要求，不管高等教育资金多少、来源如何，高校一定要依照政府部门的政策要求行事，政府部门在安排高等教育政策时无视预算约束的利益表达，高等教育预算过程不管政策的资金分配方式，政策过程和预算过程分离，最终于高校执行政策时爆发，政府部门采用此种刚柔并济的资源配置方式，其意图乃经由模糊高等教育预算分配依据和高等教育预算资金用途的手段，来应对政府政策对高校事权的经费需要，规避政策过程和预算过程的不统一，事实上是模糊性分配高等教育资金来应对各政府部门的高等教育政策要求，把事权与支出责任的不统一下移至高校。

（三）地理区域高等教育基础与国家高等教育财政支出地理区域布局

地处国家政治、经济、文化、交通等中心区域的高等教育，在信息的收集与获得上，在新观念、新思想的传播与接受上，在跨境学术合作和交流上，在节约办学成本和提升办学效益上，天时地利皆占优。这些地区的高等教育基础好，发展快。地处偏狭区域的高等教育，交通不顺畅，信息不灵通，办学成本高，高等教育基础差，发展慢。1949 年后，我国设置了 7 个政治文化中心，西安、北京、沈阳、上海、广州、武汉与成都，分别位于西北区、华北区、东北区、华东区、华南区、华中区与西南区，作为政治文化中心，这 7 个城市设置的高校数量也多，为其高等教育发展夯实基础。因此高等学校在这七个城市和省份设立的也比较多。我国"211"工程、"985"工程实施时，选择候选高校时采用竞争方式，高校要进入"211"工程、"985"工程，需要在院士数、教授数、专业数、学生数、投入数、博士点、固定资产等方面达标，入选高校所在地方政府要给予配套资金，高等教育基础好的地方，入选"211"工程、"985"工程的高校多，国家重点实验室、教育部人文社科重点研究基地的选择也是如此，越是基础好，入选的国家重点实验室、教育部人文社科重点研究基地的也就越多，从中央、地方得到的资金支持也就越多。

　　总体来看，地理区域经济发展水平与财力、政治因素与高等教育财政体制、地理区域高等教育基础与高等教育财政支出地理区域布局彼此相关，要想从地理区域高等教育财政支出上对胡焕庸线加以修正，就需要从这些方面着手改进。

三　胡焕庸线的修正

(一) 提升地理区域经济发展水平

　　市场经济在发挥作用时，不可避免地会产生市场失灵，无力扭转地理区域间经济发展的失衡，要想矫正市场失灵只能依靠政府干预，构建地理区域间公平竞争的宏观调节制度，取缔引发地理区域市场分割的地方性法律法规，搭建资源的地方所有权机制，确保人力、物力、资本在区域间的正常流动，增强对胡焕庸线西侧欠发达地区基础设施投资，打造良好的投资氛围，施行专门面向欠发达地区的开发政策，设置专门的区域开发政策执行部门，培育推动经济发展的微观经济体，构建良好运作的机制。建设推动地理区域均衡发展的宏观调节制度，经由公平竞争，结果不见得符合社会公平要旨，需要在公平竞争基础之上，经采用宏观调节制度对各地理区域的收入施行调整，可实施有地理区域差别的政府采购制度，增强对欠发达地区的中央转移支付力度，采用有差别的地理区域倾斜税收法律制度，实施定向的金融政策，建立面向欠发达地区的专门金融机构，以推动欠发达地区的经济发展。

（二）制度规范政治因素

地理区域高等教育财政支出作为政府财政支出的核心构成内容之一，要防范各级政府的部门主义行为及衍生而来的政府间权责的错位、越位、缺位及推卸。在中央层面上，要改变行政委托式的高等教育分权，加强对地方政府的激励与监督，减小对行政监督的仰仗，发挥财政的监督职能，把高等教育发展归入地方政府绩效考核之中，改革唯经济绩效的考核制度，全面考核高等教育发展状况，构建宏观省际制衡和协整机制，提升高等教育欠发达地区的高等教育竞争力，协调地区间的利益摩擦与冲突，实施利益补偿机制。在地方层面上，改革地方政府内部治理架构，明确教育行政管理部门的相对独立性，施行教育预算单列，提高教育行政管理部门的专业化水准，明确教育行政负责人的任职资质，构建高等教育政策决策者的学习网络；改革地方政府职能，赋予高校更多自主权，从直接控制演变为间接调控。在社会层面上，引入社会力量，约束地方政府权力与活动，创建呼吁机制，把社会民众意见纳入地方政府绩效考核之中，发展中介组织，在地方政府内设置代言人，发展民办高等教育，形成公私高等教育良性竞争格局。

（三）健全高等教育财政体制

高等教育财政体制中关键的是中央与地方政府在支出责任的划分上，依照财政分权要求，中央政府负责的事权乃全国性事务，地方政府负责的事权乃地方性事务，高等教育从受益范围来看，地方会从中受益，但由于高等教育培养的人才的流动性，会出现受益的外溢性，那么地方政府在负担财政支出责任时，还需要中央政府负担相应支出责任，仅仅按照高校行政隶属关系划分中央与地方政府高等教育财政支出责任是不符合受益原则的，需依照高等教育具体受益范围划分中央与地方政府的支出责任，才可解决高等教育受益的外溢性与地理区域间财政能力差距，使得中央与地方政府的高等教育财政支出责任与事权相应衬，达成高等教育公平与包容性发展。具体而言，高校日常经费需求由地方财政供给，经中央政府的财政转移支付对发达地区与欠发达地区的高等教育财政支出差距予以补差，中央政府要在配置高等教育经费时适当向胡焕庸线西侧欠发达地区倾斜，才能更好地实现支出责任与事权的统一，达成我国高等教育的包容性发展。同时，中央政府还需负担贫困大学生资助经费，在财政预算中单独列出大学生帮扶项目，从而对弱势群体施行有效补偿，切实保障高等教育财政支出所需资金。

（四）增强地理区域财力

我国正在进行营业税改增值税的改革，触动了地方政府的利益，同时通过"营改增"后收入依然划归地方政府的临时方案确保地方政府既有利益，这等同于调整中央和地方政府的增值税收入分成比例。但这只是临时方案，要想稳定这种利益分配，确保地方政府财力的稳定性，就要对中央地方间增值税收入的分成比例做出明确规定，同时要改进转移支付方式，要逐步取缔税收返还，把中央新增的增值税收入用于财力性转移支付，推动地理区域财力的均等化。发展新的地方主体税种，打造房产税为主的地方税体系，以增强地理区域财力。

（五）夯实各地理区域高等教育基础

各地理区域高等教育基础呈现非均衡发展状况，胡焕庸线东侧高等教育基础相对雄厚，西侧相对薄弱。但若一味地强调均衡，欠缺现实，也无助于世界一流高校的培育，无助于我国高等教育整体竞争力的提升，造成地理区域高等教育长期沦陷于低水平发展的状态。从高等教育发展战略上看，需要优先发展地理区域高等教育"发展极"，关注培养新的"发展极"，基于这些"发展极"，带动高等教育基础薄弱的胡焕庸线西侧欠发达地区的高等教育发展，达成地理区域非均衡—协调发展，提升我国高等教育竞争力。

具体实践中，要加强地理区域高等教育"发展极"优质资源建设，发挥"发展极"的聚集效应，不仅要有资金的直接支持，还要实施有利于"发展极"优质高等教育资源集聚的政策，推动"发展极"高等教育优质资源的共享，诸如教师、科研设施、图书报刊资料与电子信息数据等，经由资源共享，对"发展极"内的优质资源进行充分挖掘利用，增强区域高等教育实力。在新的"发展极"培育上，新的"发展极"的高等教育资源需同原有优质高等教育资源具有共生性与关联性，需构建于高等教育有一定基础的地理区域，或构建于原高等教育"发展极"可直接有效辐射的地理区域，或可和国家高等教育发展战略链接，同"985"工程、"211"工程重点建设高校毗邻，或在这类重点高校的直接辐射范围内，在这样的地理区域打造高等教育新的"发展极"，基础不错，成本不高，发展起来速度也较快。对于欠发达地区的高等教育，加强支持力度，减小高等教育的地理区域差别。《国家中长期教育改革和发展规划纲要（2010—2020年）》要求优化高等教育区域布局架构，施行中西部高等教育振兴规划，新增的招生计划主要面向欠发达地区，东部高校在欠发达地区招生规模要增加，增强东部高校对西部高校对口支持水平。建构地理区域高等教育"发展极"辐射、拉动欠发达地区高等教育发展的援助体系，规范对欠发达地区高等教育发展的政策引导、财政支出机制、进入机制等，切切实实推动欠发达地区高等教育的发展。增强对欠发达地区高等教育的支持力度，引导高等教育发达地区对欠发达地区的扶助。切实执行对欠发达地区高等教育发展的地理区域倾斜政策，尽可能利用高等教育"发展极"优质高等教育资源并学习"发展极"先进经验，采用合作办学、人才交流、学术合作手段，建设欠发达地区高等教育的创新区域与发展区域，推动欠发达地区高等教育发展。实施高等教育资源共建共享发展方案，在高等教育聚集区，"课程互选、学分互认"的高等教育资源共享模式已在应用，对于地理位置偏远的欠发达地区，高等教育资源共享主要经由网络途径，我国已经构建了中国教育与科研网（China Education and Research Network，CERNET）、中国数字化图书馆（China Academic Digital Associative Library，CADAL），经由电子信息技术实现了高校图书、信息资源的全国共享，正在推进课程、科研资源共享。高等教育资源共建共享可破除地理区域的障碍，缩小发达地区高等教育"发展极"和欠发达地区在教学、科研发展中的差距。施行地理区域优势互补的高等教育发展战略，缩小地区间高等教育发展距离。高等教育"发展极"地区有着丰富的人力资本、教育资源、一流的学科体系，欠发达地区对高等教育发展有着迫切需求，发展潜力巨大，经由承东启西、优势互补、联动发展乃高等教育"发展极"发挥辐射效应，推动欠发达地区高等教育发展的有效路径，协调区域高等教育发展，增强我国高等教育整体实力。

（六）合理布局地理区域高等教育财政支出

高等教育财政支出应探索构建部省联动机制。我国目前高等教育财政支出依然是省级政府为主，中央财政支出主要面向部属院校。在高等教育财政支出配置时，可规定中央财政安排高等教育支出之时，高校所在省市财政提供一定份额的配套支出；还要增强中央对地方院校的财政帮扶力度，经由省部联动机制提高地方高校的运作经费，加快地方高校的发展速度，缩小部属高校和地方高校的办学差异。中央财政要向财政实力不强的中西部省份倾斜，中西部地区的高等教育财政支出水平弱于东部沿海地区，但西部地区的生均高等教育财政支出大于中部地区。对中西部地区高等教育财政支出政策要有所区别，中部地区要提升生均高等教育经费拨款额度，以增加财政支出规模，而西部地区要经由扩大招生规模，以提高财政支出规模。

随着地理区域经济水平的均衡发展，政治因素的调整，地方财力的增长，高等教育财政管理体制的完善，各地理区域高等教育基础的夯实，高等教育财政支出地理区域的合理化布局，推动经济发展方式转变，实现天时地利人和，社会成员的自发性迁移，加上政府的适当引导、合理部署，扶助欠发达地区增强综合竞争实力，使得社会成员自觉自愿地向欠发达地区流动，人口分布也会逐步地均衡于胡焕庸线的两侧，实现高等教育财政支出完善的同时，也修正着胡焕庸线两侧的人口分布。

第四节　地理区域高等教育财政支出与收入分层关系的理论解释——内生关系和空间溢出效应

一　地理区域高等教育财政支出与收入分层分布模式

以地理区域高等教育财政支出与收入分层作为主要向量，基于地理区域高等教育财政支出的大小、收入分层的合理与否，地理区域高等教育财政支出与收入分层的分布模式，可以分为四类模式：地理区域高等教育财政支出大—收入分层合理模式，地理区域高等教育财政支出大—收入分层不合理模式，地理区域高等教育财政支出小—收入分层合理模式，地理区域高等教育财政支出小—收入分层不合理模式。若进一步细化，还可对高等教育财政支出的大小进行多级量化，引入高等教育财政支出极大、大、较大、小、较小、极小等量化描绘指标，对收入分层合理与否进行多级量化，引入收入分层极合理、合理、较合理、不合理、较不合理、极不合理等量化描述指标，从而取得更为精确的描绘。

零向量模式即地理区域高等教育财政支出为零—收入分层极不合理的模式，单一向量的地理区域高等教育财政支出极大—收入分层极不合理模式与地理区域高等教育财政支出极小—收入分层极合理模式也可能存在，但作为极端情形，出现的概率不是很大。因此，可能的地理区域高等教育财政支出与收入分层的分布模式在原点、高等教育财政支出向量与收入分层向量组成的区域范围内。

图 1-7　地理区域高等教育财政支出与收入分层模式向量

二　地理区域高等教育财政支出与收入分层的内生关系

（一）地理区域高等教育财政支出对收入分层的影响

地理区域高等教育财政支出能够通过以下途径影响收入分层：在高等教育财政支出收益率不变的情况下，劳动者受教育状况变动引发收入分层变动，接受高等教育的劳动者规模随着高等教育财政支出的增加而扩大，高收入者的规模不断扩张，接受高等教育者与未接受高等教育者间的收入分配差距拉大，收入分层越发不合理，这正是高等教育财政支出的结构效应；在劳动者学历构成不变的情况下，劳动者供求的变动引发高等教育财政支出收益率的变动，从而扰动收入分层的变动，伴随高等教育财政支出的增加，高学历劳动者供给相对提高，低学历劳动者供给相对下滑，按照劳动者供求变动规律，高学历劳动者供给提高，高等教育财政支出收益率相对滑落，低学历劳动者供给下降，中等、初等教育财政支出收益率相对上升，各级教育财政支出间的收益率差距收缩，接受高等教育者和未接受高等教育者间的收入分配差距缩小，收入分层逐渐趋于合理，这正是工资压缩效应。

在高等教育财政支出变动过程中，高等教育财政支出的结构效应与工资压缩效应交相作用扰动收入分层，通常来看，高等教育财政支出增加的初期，高等教育财政支出的结构效应显著于工资压缩效应，收入分层逐渐不合理，在高等教育财政支出增加的成熟期，工资压缩效应显著于高等教育财政支出结构效应，收入分层逐渐趋于合理化，因此高等教育财政支出对收入分层的影响总体看来呈现为倒"U"形，推动收入分层从不合理趋向于合理。

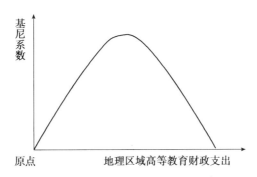

图 1-8　地理区域高等教育财政支出对收入分层的影响关系

注：这里用基尼系数代表收入分层。

（二）收入分层对地理区域高等教育财政支出的影响

收入分层对地理区域高等教育财政支出影响的研究不多见，收入分层可经由几个机制影响地理区域高等教育财政支出，收入分层不合理的地区在现行累进的所得税制度下形成较大的税基，为地理区域高等教育财政支出提供庞大的资金来源；对于受教育水平差异大、收入差距大、收入分层不合理的地区，增加地理区域高等教育财政支出也是政府财政投入的重点；对于劳动者受教育程度低的地区，政府常会采取增加高等教育财政支出、增加劳动者受教育程度、提高劳动者收入水平、缩小收入差距，推动收入分层的合理化。此外，地理区域高等教育财政支出是对高等教育服务需求的回应，高等教育服务需求受当地劳动力市场与收入水平的影响，因此收入分层对地理区域高等教育财政支出存在引致需求。

三　地理区域高等教育财政支出与收入分层的空间溢出效应

地理区域高等教育财政支出和收入分层间不仅是单向因果关联关系，还存在相互内生关系。由于劳动者的流动性、地方政府间的竞争，地理区域高等教育财政支出和收入分层间还存在着空间相关性。

地理区域高等教育财政支出与收入分层的空间溢出性表现为，一个地区的高等教育财政支出会对其他地区的收入分层发生影响；不同地区的高等教育财政支出存在空间自相关性；不同地区的收入分层存在空间自相关性。

一个地区的高等教育财政支出不仅会影响到本地的收入分层，还会影响到其他地区的收入分层。高等教育财政支出作为高等教育服务的资金支持，具有外部性，还具有区域外部性，地理区域高等教育财政支出空间溢出效应的作用机制为，地理区域高等教育财政支出具有网络属性，在劳动力流动的背景下，把各地的高等教育活动链接为一个整体，经由扩散效应，使高等教育发展较快的地区带动高等教育发展较慢的地区的高等教育发展，从而促进这些地区劳动者收入提高，这就是地理区域高等教育财政支出对收入分层的正向空间溢出效应。同时，地理区域高等教育财政支出会使劳动者在接受高等教育后更为便利地迁移至收入高的地区，在此状况下，一个地区的收入分层的合理化以其他地区收入分层的不合理为代价，影响着其他地区的收入分层。

地区之间的高等教育财政支出间存在着空间自相关性，此空间自相关性可从高等教育财政支出竞争的视角进行阐释。依照 Charles Tiebout（1956）的用脚投票（voting with their feet）理论，辖区内居民根据政府提供的高等教育服务状况，通过迁入或迁出对当地政府投票，各地政府面对其他地区增加高等教育财政支出的努力，为增强对居民的吸引力，需要努力增加本地高等教育财政支出，因此，一个地区高等教育财政支出的增长，常常会引致其他地区高等教育财政支出的跟进，这种情况在中国地方政府间表现得淋漓尽致，与各级政府间的财政分权对应的政治体制高度集中，中央政府有着无上的权威并决定着地方官僚的任命，有权对地方官僚实施奖惩，此政治集权与财政分权的政府治理模式，对高等教育服务的治理就演变为高等教育管理部门间的标尺竞争（yardstick competition），对于地方政府来讲，高等教育方面的标尺竞争，就是要为地方争取"211"工程高校、"985"工程高校、国家重点实验室、国家重点学科、教育部人文社科重点研究基地，这就激励地方增加高等教育财政支出。地方政府为在高等教育财政支出的标尺竞争中占优，高等教育财政支出不只看本地需求，还看标尺上同样位置的其他地区的高等教育财政支出，从而造成地方政府的高等教育财政支出存在竞争与模仿，各地相继建设大学城，存在空间溢出效应。

地理区域高等教育财政支出与收入分层间存在内生关联关系，地理区域高等教育财政支出的空间相关性定然引致收入分层也有空间相关性。A地和B地的高等教育财政支出间有着空间溢出性，A地的高等教育财政支出会对B地的高等教育财政支出发生影响，进而扰动B地的收入分层，依照地理区域高等教育财政支出与收入分层的内生关联，A地的收入分层会对A地的高等教育财政支出发生影响，可推断出A地的收入分层会对B地的收入分层发生影响，引发收入分层间的空间自相关性。

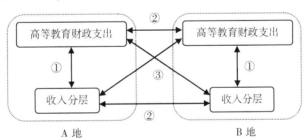

图 1-9 地理区域高等教育财政支出与收入分层间的
内生关系与空间溢出效应

注：①表示一个地区内高等教育财政支出与收入分层间的内生关系。

②表示地区间高等教育财政支出与收入分层的空间相关性。

③表示一个地区的高等教育财政支出对其他地区收入分层的影响。

这里将地理区域高等教育财政支出与收入分层间的关系进行图示（见图1-9）。

四　政策含义

伴随社会主义市场经济的发展完善，收入分配格局主要取决于市场机制。但若收入分配全然由市场机制决定，劳动者收入分配差距的扩大引发收入分层的不合理乃市场经济发展中的必然结果，不利于社会稳定与国家安定。收入分层不合理主要由于劳动力市场的二元结构。大量剩余劳动力的受教育水平低下，生产技能不高，获得的收入也较低。较低的收入又造成低收入者缺乏充足的资本投资于教育，失去增加自身收入的有效路径，造成收入分配差距的拉大，收入分层日渐不合理。收入分层不合理的根源在于高等教育财政投入不充分，家庭负担过多的高等教育投资，造成低收入家庭成员无法承受过重的高等教育开支，丧失接受高等教育的机会。尽管收入分配政策能在一定程度上合理化收入分层，但高等教育财政支出政策依然关键。要达成提低、扩中、限高的合理收入分层格局，"授人以鱼，不如授人以渔"，"要想富，教育先行"的思想也为政策制定者普遍认同，并有大量经验事实加以佐证。我国2015年高等教育工作中提出优化高等教育布局结构，实施中西部高等教育振兴计划，优化整合东中西部高等学校布局，实施中西部高校基础能力建设工程、中西部高校提升综合实力工程与对口支援西部地区高校活动，为中西部培育人才，推动经济发展，提高人民收入。

对地理区域高等教育财政支出与收入分层关联关系的探讨有一定的理论与实践意义：地理区域高等教育财政支出与收入分层间存在倒"U"形关系，说明高等教育财政支出起先会扩大收入分配差距，引发收入分层的不合理，随着高等教育财政支出的继续增加，达到一定规模之后，才会缩小收入分配差距，推动收入分层的合理化。因此为实现收入分层的合理化，政府还需持续增加高等教育财政支出。而且地理区域高等教育财政支出与收入分层之间不仅仅为单向关联关系，更为互相内生关联，地理区域高等教育财政支出与收入分层间还存在着明显的空间相关性，作为人力资本的发展基础，地理区域高等教育财政支出不仅推动本地区收入分层的合理化，还会经由劳动力自由迁徙流向高等教育财政支出多、高等教育发达的地区，从而抑制了落后地区高等教育发展并影响其收入分层。这就要求地方政府在增加高等教育财政支出之时，也要努力改善收入分配政策，避免陷入"低高等教育财政支出→不合理收入分层→低高等教育财政支出→……"的马太效应的恶性循环之中。我国当前的地理区域高等教育财政支出已呈现"东部高耸、中西部凹陷"的经济地理局面，地区间高等教育财政支出差距持续拉大，因此，政府需增加对中西部地区高等教育财政的支持力度，以实现不同地理区域高等教育财政支出与收入分层的协调发展。

第二章

基于新经济地理视角的高等教育财政
支出与收入分层实证研究

第一节　地理区域高等教育财政支出分布特征
——基于面板数据的聚类分析

一　文献回顾

高等教育财政支出问题，特别是区域高等教育财政支出问题，受到研究人员的广泛关注，各位研究人员基于不同的视角，使用不同的研究方法，对我国高等教育财政支出的地理区域分布问题展开探讨，尝试找寻适合我国现今发展状况的高等教育财政支出区域发展路径。考量到我国省份较多，地区间高等教育财政支出有一定相似性，大部分学者在研究我国区域高等教育财政支出问题时，通常会基于某些指标，对各地高等教育财政支出进行探讨。

桂庆平、张男星、罗建平对我国内地 31 个省份的高等教育从办学规模、师资条件、学校布局、办学成效上进行比较。[①]潘启亮（2015）对高校科研经费投入的区域布局研究发现，经济发展水平高的地区，高校科研经费投入也高，高校科研活动推动着地区产业升

---

①　桂庆平、张男星、罗建平：《我国高等教育发展的区域差异性研究》，《山东高等教育》2015 年第 7 期。

级，形成马太效应。① 陶元磊、李强（2015）就东中西地区的高等教育财政支出进行空间分析，发现东部经济实力强，高等教育财政支出高，但经济增量对高等教育财政支出没有显著推动作用，西部在国家财政的转移支付支持下，高等教育财政支出也不低，中部经济实力不强，高等教育财政支出不高，这种分布格局在路径依赖作用下相对稳定。② 赵琳、史静寰、王鹏、王文、许甜（2012）对高等教育财政支出格局和人才培养品质格局进行对比，发现高等教育财政支出多的地区人才培养质量未必就高，以层级为特点的高等教育财政支出的投入方式需要调整，财政资源基于重大科研项目进行分配的同时，加大对教育、教学的专项资助③。曾鹏、向丽（2015）对中国十大城市群的高等教育财政支出进行分析发现，各城市群间高等教育财政支出存在不均衡，各城市群内城市间高等教育财政支出也存在不均衡④。刘林、郭莉、李建波、丁三青（2013）对江苏与浙江的比较发现，江苏高等教育财政支出优于浙江，浙江的人才聚集力优于江苏⑤。张海水（2014）运用生均教育经费支出等指标对中央属高校与地方属高校间、东中西部高校间、省际高校间、省内高校间、本科高校与专科高校间的高等教育财政支出状况展开比较，发现存在财政支出不均衡⑥。胡

---

① 潘启亮：《高校科研经费投入外溢作用及创新管理模式研究》，《科技管理研究》2015 年第 12 期。

② 陶元磊、李强：《地方高等教育财政投入与区域经济发展的协同效应研究——基于省际面板数据的空间因果性分析》，《复旦教育论坛》2015 年第 1 期。

③ 赵琳、史静寰、王鹏、王文、许甜：《高等教育质量的院校类型及区域差异分析——兼论我国高等教育资源配置格局与质量格局》，《清华大学教育研究》2012 年第 5 期。

④ 曾鹏、向丽：《中国十大城市群高等教育投入和产业集聚水平对区域经济增长的共轭驱动研究》，《云南师范大学学报》（哲学社会科学版）2015 年第 4 期。

⑤ 刘林、郭莉、李建波、丁三青：《高等教育和人才集聚投入对区域经济增长的共轭驱动研究——以江苏、浙江两省为例》，《经济地理》2013 年第 11 期。

⑥ 张海水：《高等教育公共财政资源政府配置差异分析》，《教育学术月刊》2014 年第 1 期。

咏梅、唐一鹏（2014）指出，要提高生均高等教育经费，实现各地区的均衡①。李静、谢树青（2015）研究显示新疆高等教育财政支出的全要素生产率波动大，受国家政策影响大②。

聚类分析作为重要的多元计量分析方法，可较好地处置分类问题。面板数据的聚类分析逐渐盛行，Bonze 与 Hermosilla（2002）在聚类分析中引入遗传算法与概率连接函数，对面板数据实施聚类分析③。Ren 与 Shi 基于 Fisher 次序聚类理论，采用 Frobenius 准则重新构造 Ward 函数，对多指标面板数据进行聚类分析④。

邬大光、王旭辉（2015）指出，高等教育研究要与地理学、经济学、统计学相结合⑤。这里对我国 31 个省份 1998—2013 年的高等教育财政支出面板数据展开聚类分析，探讨各省份高等教育财政支出的分布特征。

二　参数选取和数据处理方式

（一）　参数选取及数据来源

31 个省、自治区、直辖市的高等学校财政性教育支出状况。还将 31 个省份划分为东中西和东北地区四个区域，东部地区包含北京、天津、河北、上海、江苏、浙江、福建、山东、广东、海南，东北地区

---

① 胡咏梅、唐一鹏：《"后 4%时代"的教育经费应该投向何处？——基于跨国数据的实证研究》，《北京师范大学学报》（社会科学版）2014 年第 5 期。

② 李静、谢树青：《基于网络 DEA 模型的新疆高等教育系统与区域经济发展的耦合分析》，《新疆社会科学》2015 年第 3 期。

③ Bonze, D. C., Hermosilla A. Y., "Clustering Panel Data via Perturbed Adaptive Simulated Annealing and Genetic Algorithms", *Advances in Complex Systems*, Vol. 5, No. 4, 2002.

④ Ren J., Shi S. L., "Multivariable Panel Data Ordinal Clustering and Its Application in Competitive Strategy Identification of Appliance Wiring Listed Companies", In ICMSE（ed.）, *Proceedings International Conference on Management Science and Engineering（16th）*, Moscow, 2009, pp. 253-258.

⑤ 邬大光、王旭辉：《近年来我国高等教育研究若干问题述评》，《教育研究》2015 年第 5 期。

包含黑龙江、吉林和辽宁，中部地区包含山西、河南、安徽、江西、湖南、湖北，西部地区包含广西、内蒙古、重庆、四川、贵州、云南、西藏、陕西、甘肃、青海、宁夏、新疆，对这四个区域高等学校财政性教育支出状况进行聚类。所有数据来源于历年《中国教育经费统计年鉴》，因为重庆市是从 1997 年成为直辖市，所以选取的数据从 1998 年开始，至 2013 年。2012 年数据由于《2013 年中国教育经费统计年鉴》未能出版，所以没有 2012 年数据。

（二）数据处理方式

聚类分析方法作为一种计量分析方式在经济管理研究中广泛运用，把研究对象依照相似程度进行分类，查找不同种类的事物的特征。聚类分析有层次聚类法（Hierarchical Cluster）、两阶段聚类法（Two-step Cluster）、K 均值聚类法（K-means Cluster），K 均值聚类法，可以体现时间变动中的数值状况，较为简洁，而层次聚类法的树状图更为直观，这里就运用 K 均值聚类法和层次聚类法分别对数据进行处理。K 均值聚类分析，先对需聚类地理区域的高等教育财政支出展开初始分类，逐步调整，获取最终分类。其步骤为：

（1）对数据实施标准化处理。

（2）设定分类数目为 K，K 经由 ANOVA 方差分析（F 检验）而定，确定各类的初始中心位置，即 K 个凝聚点。

（3）按顺序计算各地区高等教育财政支出与 K 个凝聚点的距离，按照最近距离准则把各地高等教育财政支出逐个归入凝聚点，获得初始分类结果。

（4）重新测度类中心。

（5）所有地区高等教育财政支出归类后即为一次聚类，出现新的类中心，若满足一定条件比如聚类次数达到要求的迭代次数，抑或两次计算的最大类中心的变动小于初始类中心间最小距离的一定比例，则无须再次聚类，不然就需回转至第三步重新聚类。

层次聚类法的分析步骤如下：

（1）对数值进行标准化处理。

（2）方差分析，验证显著性。

（3）每个地区高等教育财政支出值作为一类，k 个地区就分成 k 类。

（4）按最近距离准则测定各类样本间的距离，把距离最近的两个样本合成一类，形成 k—1 类。

（5）计算出新类别和其他各类间的距离，把距离最近的两类合成一类。若类别个数依然大于 1，继续此步骤，到所有类合成一类才算完成。

三　聚类分析

（一）数据的标准化

考量到各地区指标数量级上的不同，对原始数据实施标准化处理，使原始数据的均值为 0，方差是 1，数据分析中使用的软件为 SPSS 11.5。

（二）数据的方差分析

从表 2-1 方差分析结果来看，各省份直辖市指标存在着显著的差异性。

表 2-1　　　　　　　　各省 ANOVA 方差分析结果

地区	F 值	显著性	地区	F 值	显著性
北京	18.195	0.000	湖北	18.628	0.000
天津	10.326	0.002	湖南	13.202	0.001
河北	13.067	0.001	广东	16.022	0.000
山西	5.168	0.018	广西	7.903	0.004
内蒙古	6.584	0.008	海南	11.049	0.001
辽宁	20.421	0.000	重庆	15.075	0.000
吉林	16.258	0.000	四川	17.605	0.000
黑龙江	21.967	0.000	贵州	8.333	0.004
上海	13.784	0.000	云南	9.638	0.002
江苏	21.987	0.000	西藏	7.470	0.005

续表

地区	F 值	显著性	地区	F 值	显著性
浙江	17.174	0.000	陕西	18.083	0.000
安徽	9.704	0.002	甘肃	12.045	0.001
福建	21.933	0.000	青海	1.311	0.320
江西	16.591	0.000	宁夏	1.242	0.341
山东	12.583	0.001	新疆	10.677	0.001
河南	8.830	0.003			

注：$p < 0.05$。

　　从表 2-2 的方差分析结果来看，东中西和东北四个地区指标存在着显著的差异性。

表 2-2　　　东中西与东北地区指标 ANOVA 方差分析结果

地区	F 值	显著性	地区	F 值	显著性
东部	19.280	0.000	中部	13.289	0.001
东北	23.219	0.000	西部	12.911	0.001

注：$p < 0.05$。

（三）聚类分析

1. K 均值聚类分析

表 2-3　　　　　　各省 K 均值聚类分析结果

地区	1	2	3	4
北京	−1.15720	−1.07002	2.06636	0.62905
天津	−1.00289	−0.96011	2.28511	0.55619
河北	−1.16716	−1.10748	2.38328	0.76873
山西	−0.02360	−1.03395	2.83077	0.44848
内蒙古	0.34783	−0.97135	2.25840	0.56478
辽宁	−1.22655	−1.07931	2.11449	0.85805
吉林	−1.26343	−.98520	2.05900	0.81261
黑龙江	−1.13819	−1.12867	1.92204	0.95119

续表

地区	1	2	3	4
上海	-1.14643	-0.98921	2.32944	0.66017
江苏	-1.38548	-1.02725	2.00290	0.89122
浙江	-1.12439	-1.17285	2.07250	0.93527
安徽	-1.03113	-1.04833	2.40813	0.57829
福建	-1.00116	-1.07740	2.10501	1.03203
江西	-1.15167	-1.07651	2.18598	0.84912
山东	-1.22786	-0.99074	2.12321	0.68033
河南	-1.03469	-0.96966	2.48300	0.71517
湖北	-1.34740	-1.05050	2.23204	0.77377
湖南	-1.21967	-0.97621	2.25470	0.74413
广东	-1.27675	-1.11000	1.92551	0.92041
广西	-0.40636	-0.98877	2.49420	0.64714
海南	-0.56054	-0.95762	2.38401	0.60199
重庆	-1.03471	-0.97896	2.30003	0.88775
四川	-1.03786	-1.00619	2.12236	0.90087
贵州	-0.91706	-0.91882	2.67845	0.51692
云南	-0.59962	-0.94905	2.50640	0.67972
西藏	-0.11389	-1.08895	2.42956	0.31718
陕西	-1.24326	-0.98822	2.02674	0.80512
甘肃	-1.12965	-0.98015	2.30129	0.73841
青海	3.60851	-0.32432	-0.13859	-0.22589
宁夏	2.77711	-0.79817	0.98337	0.04893
新疆	-0.65776	-0.99301	2.30209	0.71918

表 2-4　　　　　　　　　　各省 K 均值聚类的类别分类

地区	类别	距离	地区	类别	距离
北京	3	0.453	湖北	3	0.358
天津	3	0.578	湖南	3	0.426
河北	3	0.476	广东	3	0.825
山西	1	0.661	广西	1	0.341
内蒙古	1	0.793	海南	1	0.502
辽宁	3	0.234	重庆	3	0.326
吉林	3	0.418	四川	3	0.318
黑龙江	3	0.481	贵州	3	0.754

续表

地区	类别	距离	地区	类别	距离
上海	3	0.474	云南	1	0.369
江苏	3	0.428	西藏	1	0.595
浙江	3	0.546	陕西	3	0.317
安徽	3	0.472	甘肃	3	0.340
福建	3	0.507	青海	2	0.000
江西	3	0.514	宁夏	4	0.000
山东	3	0.325	新疆	1	0.590
河南	3	0.577			

　　根据各省 K 均值聚类分析结果可知，第一类包括山西、内蒙古、广西、海南、云南、西藏、新疆，这 7 个省份的高等教育财政性支出都不高。第二类仅包括青海，只有一个省份，显示青海的高等教育财政支出不高，政策关注力度小。第三类包括北京、天津、河北、上海、辽宁、吉林、黑龙江、江苏、浙江、安徽、福建、江西、山东、河南、湖北、湖南、广东、重庆、四川、贵州、陕西、甘肃，共 22 个省份，这些省份高等教育财政支出有一定相似性，占比较高。第四类只包括宁夏，与青海类似，处于奶奶不疼、爷爷不爱的境地，但是为什么与青海不属于一类，有什么相异之处，青海的政策支持力度在加强，但宁夏的政策支持相对薄弱，这也许是青海与宁夏不属于同一类别的缘由，需要进一步探讨。

表 2-5　　　　　东中西与东北地区 K 均值聚类分析结果

地区	1	2	地区	1	2
东部	−1.14544	2.13751	中部	−1.09625	2.37605
东北	−1.17631	2.04920	西部	−0.24447	2.28207

表 2-6　　　　　东中西与东北地区类别分类

地区	类别	距离	地区	类别	距离
东部	2	0.114	中部	2	0.303
东北	2	0.217	西部	1	0.000

　　根据各地区 K 均值聚类分析结果可知，第一类包括东部、东北、中部，这三大区域同属一类，说明彼此有相似之处。第二类包括西部，显示西部在高等教育财政支出上的确需要继续努力。

　　2. 层次聚类分析

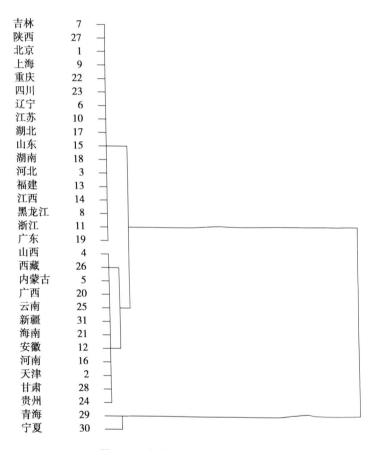

图 2-1　各省层次聚类分析树状分布

　　从各省层次聚类分析树状图中可以直观地看到，第一类包括吉林、陕西、北京、上海、重庆、四川、辽宁、江苏、湖北、山东、湖南、河北、福建、江西、黑龙江、浙江、广东，这类中有东部省份、西部省份、中部省份、东北省份，相对比较凌乱，但各自高等教育财政性支出的确各有看点，各自自成一类比较理想，需要具体省份具体分析。第二类包括山西、西藏、内蒙古，这三个省份高等教育财政性支出不大，自身高等教育基础也不够雄厚，西藏虽有政府的大力转移支付支持，但底子薄，发展慢。第三类包括广西、云南、新疆、海南、安徽、河南、天津、甘肃、贵州，这类中海南的高等教育财政性支出不高，虽属于东部，但实力和资金都不够坚实，比较奇怪的是天津作为东部的直辖市，高等教育财政性支出规模不大，一方面是由于本身财力有限，发展不快，地理位置上与北京过近，在财政支持上就不够给力。第四类包括宁夏、青海，两地的高等教育财政性支出较低，政策支持力度不够大，自身的高等教育实力也不够强。

从图2-2中可以看到，东部地区的高等教育财政性支出独树一帜，规模最大，属于第一类，东北地区和西部地区的高等教育财政性支出属于第二类，受政策影响较大，中部地区的高等教育财政性支出相对较低，处于中部塌陷之势，受到政策的漠视，属于第三类，可以说与实际情况比较吻合。

图2-2　东中西与东北地区层次聚类分析树状分布

四　结论

尽管层次聚类分析与K均值聚类分析的结果略有不同，但是可以看到，各类别还是有共同之处的，譬如各省层次聚类分析中的第一类与K均值聚类分析的第三类，K均值聚类分析中的第三类全部都为层次聚类分析中的第一类，各省K均值聚类分析中的第一类和层次聚类分析中的第三类有4个省份是一样的，这说明各类划分的方法虽然不尽相同，但聚类分析结果还是有类似之处，各省高等教育财政支出的地理区域分布特征还是有一定规律，经济发达地区财力雄厚，高等教育财政性支出也不弱，经济欠发达地区财力不足，虽然有国家政策的支持，但欠账毕竟不少，高等教育财政性支出还是有待加强。同时，东部地区的一些省份高等教育财政性支出明显地聚集为一类，中西部地区各省份高等教育财政性支出的聚类并不显著。东部地区内部出现属于不同类别的省份，如海南，可判定东部地区内有着不同的省份高等教育财政性支出的聚类，在层次聚类分析中，中西部和东北地区聚为一类，当前东部地区有必要进一步细分，才能更有针对性地调整高等教育财政性支出的投入政策。中部、西部和东北地区可合并为一个大区域，这样在高等教育财政性支出的地理区域投入政策上才不至于顾此失彼。

第二节　江苏省高等教育财政支出的地理区域分布特征——基于聚类分析方法

在当今人力资本竞争的国际环境下，高等教育作为人力资本培养的重要途径，但高等教育资源在一个国家或地区内的非均衡分布，会造成所培养人力资本的不均衡，不利于地区经济的协调发展，不利于收入分配的公平。2015年全国教育工作会议上袁贵仁提出要将教育经费更多地向薄弱环节、关键领域倾斜，向贫困地区、薄弱学校倾斜，向困难学生、基层教师倾斜，向创新人才培养、特色办学倾斜。李克强在2015年政府工作报告中指出，要确保教育公平、提升教育质量。为此，需要深入研究我国高等教育财政支出特别是地方高等教育财政支出的地理区域分布特征，提出高等教育财政支出区域优化配置的政策建议，从而实现教育发展的政策目标。

这里在两个方面展开进一步研究：一方面研究聚焦于江苏高等教育财政支出的地理区域分布；另一方面运用聚类分析的方式，对江苏各地区的高等教育财政支出地理区域分布特征展开实证。这里的结构安排是，第一部分是介绍所用的数据及聚类分析；第二部分是探讨江苏省高等教育支出地理区域布局的缘由；第三部分是研究结论与政策建议。

一 聚类分析

(一) 数据选取

2013 年江苏省的淮安市、盐城市、宿迁市没有高校教育事业费，故在分析时未将其列入。

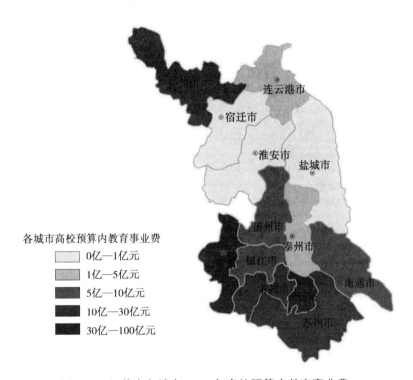

图 2-3　江苏省各城市 2013 年高校预算内教育事业费

资料来源：《江苏省教育厅　江苏省统计局　江苏省财政厅关于 2013 年全省地方教育经费执行情况统计公告》（苏教财〔2014〕13 号），江苏教育厅网（ht-tp：//www. ec. js. edu. cn）；《江苏统计年鉴 2014》，江苏省统计局网（http：//www. jssb. gov. cn）。

(二) 方差分析

从表 2-7 方差分析结果来看，江苏省各地市高校教育事业费指标存在着显著的差异性。

表 2-7　　江苏省各地市高校教育事业费 ANOVA 方差分析结果

各市	F 值	显著性	各市	F 值	显著性
南京市	1.893	0.219	南通市	1.166	0.366
无锡市	1.674	0.258	连云港市	9.773	0.007
徐州市	1.940	0.206	扬州市	3.377	0.084
常州市	1.302	0.344	镇江市	1.126	0.401
苏州市	1.420	0.272	泰州市	5.591	0.028

（三）K 均值聚类分析

表 2-8　　江苏省各地市高校教育事业费 K 均值聚类分析结果

各市	类别		
	1	2	3
南京市	2.75845	-0.32401	-0.25520
无锡市	2.25986	-0.16748	-0.25106
徐州市	2.83301	0.10384	-0.44922
常州市	2.53793	0.39268	-0.53085
苏州市	2.73953	0.11373	-0.44010
南通市	1.90668	0.76066	-0.59838
连云港市	0.00952	1.25625	-0.53975
扬州市	0.84802	1.11728	-0.59998
镇江市	1.68311	0.83277	-0.59735
泰州市	0.44657	1.20091	-0.57847

　　根据江苏省各地市 K 均值聚类分析结果知道，第一类仅仅包括泰州，泰州高等教育财政性支出不高，政策关注力度小。第二类包括南通、连云港和扬州，这三个地市的高等教育财政支出也不算高。第三类包括南京、无锡、徐州、常州、苏州、镇江，这些地市高等教育财政支出有一定相似性，占比较高。

表 2-9　江苏省各城市高校教育事业费 K 均值聚类的类别分类

各市	类别	距离	各市	类别	距离
南京市	3	0.586	南通市	2	0.950
无锡市	3	0.410	连云港市	2	0.076
徐州市	3	0.760	扬州市	2	0.887
常州市	3	1.384	镇江市	3	2.748
苏州市	3	1.888	泰州市	1	0.000

（四）层次聚类分析

从江苏省各地市层次聚类分析树状图中可以直观地看到，第一类包括连云港、泰州、扬州，这类有苏中的泰州、扬州，还有苏北的连云港，相对比较杂乱，但各自高等教育财政性支出的确各有特色，各自自成一类较为合理，需要具体城市具体分析。第二类包括镇江、南通，这两个地市高等教育财政性支出不大，自身高等教育基础也不够雄厚。第三类包括南京、苏州、常州、徐州、镇江，这类中有苏北的徐州，说明虽属苏北，但高等教育财政性支出与苏南的南京、苏州、常州、镇江同属一类。

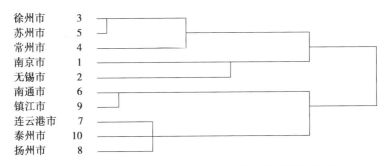

图 2-4　江苏省各城市高校教育事业费聚类分析树状分布

尽管层次聚类分析与 K 均值聚类分析的结果略有不同，但是可以看到，各类别还是有共同之处的，譬如各地市层次聚类分析中的第三类与 K 均值聚类分析的第三类，层次聚类分析中的第三类全部都为 K 均值聚类分析中的第三类，各地市 K 均值聚类分析中的第二类和层次聚类分析中的第一类皆包含连云港和扬州，这说明各类划分的方法虽不全然一致，但聚类分析结果依然有相近之处，各地市高等教育财政支出的地理区域分布特征还是有类似之处，经济实力强的地区，财力丰厚，高等教育财政性支出也不差钱，经济实力稍欠的地区，财力薄弱，虽然有财政扶助，但毕竟底子不厚，高等教育财政性支出还是亟须加强。同时，苏南的一些地市如南京、苏州、常州、镇江高等教育财政性支出明显地聚集为一类，苏中、苏北各地市的高等教育财政性支出的聚类并不显著。

二　江苏省高等教育财政支出地理区域分布的区划依据

（一）高等教育财政支出区划的现实依据——江苏省高等教育空间布局现状

到 2015 年，江苏省共有普通高等院校 162 所，其中本科院校 77 所，南京市有 36 所，占普通本科高校总数的 46.8%，其余的主要分布在苏州（9 所）、泰州（5 所）、常州（4 所）、徐州（5 所）、镇江（4 所）、南通（3 所）、连云港（2 所）、淮安（2 所）、盐城（2 所）、扬州（2 所）、无锡（2 所）、宿迁（1 所）。普通专科院校有 84 所，南京有 22 所，占 26.2%，其余普通专科院校主要分布在苏州（16 所）、无锡（10 所）、扬州（3 所）、盐城（3 所）、宿迁（2 所）、淮安（5 所）、常州（7 所）、连云港（3 所）、泰州（2 所）、南通（6 所）、徐州（5 所）。依照经济区看，江苏省分为苏南、苏北与苏中三大经济区，苏南包括苏州、无锡、常州、镇江、南京，2014 年苏南 GDP 为 3.89 万亿元，人口 3282.19 万人，人均 GDP 为 11.55 万元，该地区经济发展方向是高新技术产业、先进制造业、现代服务业；苏中包括南通、扬州、泰州三市，2014 年苏中 GDP 为 1.27 万亿元，人口 1640.17 万人，人均 GDP 为 7.77 万元，该地区经济发展方向是先进装备制造业、基础原材料产业、港口物流业、海洋工程装备、生物医药等产业集群；苏北包括徐州、淮安、盐城、连云港、宿迁，2014 年苏北 GDP 为 1.52 万亿元，人口 1988.51 万人，人均 GDP

为 4.92 万元，该地区经济发展方向是劳动密集型产业、资源加工型产业。布局于南京市的普通高等院校占江苏省普通高等院校总数的 35.8%。江苏省高等教育空间布局不够均衡，众多高校集聚于省会城市南京，其余地区则因级别、经济发展水平而高校数也随之滑落，到了省内发展落后的边缘地区几近白卷，相应高等教育经费也寥寥无几。

（二）高等教育财政支出区划的地理依据——江苏各区域地理条件

苏州、无锡、常州、镇江、南京位于江苏南部，北依长江，东临上海，为长三角的复地，是我国发展外向型经济的窗口，更是沿海开放地区与长三角开放地区的重要构成，交通发达，气候宜人，投资创业环境良好，与外界的交往比较多。苏中的扬州、泰州、南通，主要是丘陵地区，东北部是平原、东临黄河、南依长江，上海、苏南地区对苏中有着明显的拉动作用。苏北地区的徐州、连云港、淮安、盐城、宿迁，主要位于淮河以北，东临黄河，辖区有京杭大运河、陇海铁路、京沪铁路，东部有连云港，但交通运输设施不够发达，无法充分发挥交通枢纽作用，铁路、公路、水路、航空综合运输能力较弱，受上海、苏南地区的拉动较少。

（三）高等教育财政支出区划的历史依据——江苏高等教育发展历史沿革

江苏自古就有南北之别，南北的物产、气候、风土人情有着明显的差异，夏商之前，江苏境内只有北边有华夏之人居住。夏商之后，江北为淮夷，江南为百越，南北格局显现。公元前 200 年江东孙氏与百越民族联合建立吴国，江南农业发达，吴国与中原诸侯尊王攘夷，在文化发展上超越了江北蛮夷之国徐国。公元前 224 年，吴统一了江苏境内。在元朝修建大运河后，更是奠定了江南在文化经济中的重要地位。苏南一直推崇学而优则仕、仕而优则学，学习风气浓厚。苏南人家非常重视子女的教育，过去考中进士、状元的人有不少，形成良性循环。而苏中、苏北对教育文化的发展不是特别关注。在中华人民共和国成立前，苏南经济较苏北、苏中繁荣，有更多机会接触外来文化的机会，带动自身文化的发展。江苏省作为高等教育发展的大省，苏南的高校林立，南京的南京大学、南京师范大学、河海大学、南京农业大学、东南大学，苏州的苏州大学，无锡的江南大学，镇江的江苏大学，都有着悠久的历史。南京大学成立于 1902 年，由当时的第四中山大学、两江师范学院、国立中央大学合并组建，1949 年、1950 年又改名为国立南京大学、南京大学。南京师范大学，发端于 1902 年的三江师范学堂，后于 1949 年同金陵女子文理学院合并，命名为公立金陵大学，1952 年金陵大学、南京大学有关院系合并组建南京师范学院，1984 年重组为南京师范大学。1902 年南京工学院由南京大学工学院同其他高校有关系科合并组建，1988 年更名为东南大学。苏州大学前身是 1900 年建立的东吴大学。江苏大学于 2001 年由原江苏理工大学、镇江医学院、镇江师范专科学校合并建立，办学历史可追溯到 1902 年的三江师范学堂。江南大学于 2001 年由无锡轻工大学、江南学院、无锡教育学院合并组建，也可追溯至三江师范学堂。

（四）高等教育财政支出区划的政策依据——江苏高等教育政策导向

1949 年新中国成立以来，多次调整高等教育政策，1952 年在全国推动的院系调整，对苏南、苏北的高等教育影响至深。一些综合性高校拆分为单科性高校，一些高校的系科重新整合，高校数量增多，专业性提高，但苏北本来高校就不多，院系调整中一些高校的迁出，造成高等教育实力下滑。"文化大革命"中，高等教育几乎停滞，苏北高等教育可谓一落千丈。1978 年以后，虽然江苏采取一些举措，推动苏中、苏北高等教育的发展，但与苏南相比还是薄弱。

三　江苏省高等教育财政支出地理区域布局的调整

（一）增加高等教育财政支持力度

我国高等教育长期采用重点扶持的政策，造成中央部属高校和地方高校、重点高校和一般高校间差距人为地扩大，有限财政资源仅聚集于少数高校。在全国普通高校数与学生人数中占比大的地方高校的财政教育经费占全国普通高校财政经费的比例却较小，地方高校得到的预算内教育经费、校办产业与社会服务等收入等比例更低，许多地方高校科研经费非常低。地方高校生均教育经费支出与生均预算内教育支出不及中央部属高校的1/2。地方高校经费的地区差别过大，部分地区普通高校生均经费过少，不易确保高等教育品质，扰动着高等教育的正常发展。财政应加大对高校的支持力度，尤其是地方高校，以降低地方高校与中央部属高校的差距，改进地方高校办学条件，为提升教育品质提供资源保障。江苏省地方高校办学经费不足，需加大中央对地市高校的财政转移支付，保持目前收费标准，逐渐减低学杂费在高校办学经费中的占比，扩招地方高校学生规模，增加在校生占比，满足地市人口的高等教育需求，为地区经济发展打下坚实的基础。

（二）激发地方政府办学能动性

江苏省地方高校发展较慢，根据高等教育发展动态，各地市至少要有一所规模较大的高校，作为本地教育和科技创新的源泉，各地市应增加对高等教育的财政投入。各地市要把高职教育作为高等教育的发展重点，优先发展高等职业院校，把培养适应现代制造业、物流业、金融业、生物医药业、服务业所需要的专业人才为重点，在政策上给予扶持。发展高职教育的重点，是经由调整办学方向与体制创新，激发各方的办学能动性，构建顺应市场需求的机制及弹性的办学方式与收费制度，扩大高职院校办学规模，从规模中要效益。各地市要从本地社会经济发展的全局着眼，将地市高校发展归进本地国民经济和社会发展规划，采取有效举措，切实解决地市高校的经费等问题，在本地区社会经济发展的战略决策、全局问题上，各地市政府要积极倾听地市高校的意见和建议，依靠高校集思广益，支持地市高校的社会服务活动。省级政府也要加强对地市高校的财力支持。

（三）整合优化高校学科专业结构

国民经济产业结构与部门结构的变化约束着高等教育学科专业结构的变动。国民经济各部门、各产业的劳动手段、劳动对象各异，对劳动力的需求规模和结构不同，需要高校在人才培养中，依照经济部门、产业的需要来发展学科专业，新兴产业部门要求高校设立新专业，培养新的专门人才，地区国民经济结构的变化要求高校区域结构相应变动，经济快速发展中，需要大量的专门人才，高校的发展也要顺势而上，重新布局高校区域结构。江苏高校要为建设和谐社会，发展现代制造业、服务业、高新技术产业服务，整合优化专业设置，增加直接服务于苏南、苏中、苏北经济协调发展的专业。各高校要按照市场需要，设立新专业为企业培养对口专门人才，学科与专业是高校发展的核心，是高校生存的动力。经济发展中对人才的需求越来越高，新增劳动力也要求接受高等教育的培训，地方高校需要整合改造传统的学科专业，结合地方经济发展的属性，设立顺应本地经济发展需要的学科专业，培育本地区的建设人才，培育服务于本地经济建设的专门人才。在高等教育财政支出规模一定的情形下，优化整合学科专业结构，直接服务于地区经济发展，提升受教育者的就业率与就业质量，有利于提升高等教育财政支出的使用效率与效益。

（四）吸纳民间资本进入高等教育领域

各国在高等教育发展中都面临着不同程度的资金困扰问题，积极发展民办高等教育是化解高等教育资金问题的一种方式，32所民办本科高校中有10所在南京，20所民办专科高校中有4所在南京，说明江苏民办高等教育布局相对均衡，但同公办高校相比仍然较少，在全国民办高校中，江苏省民办高校竞争力薄弱，发展落后。应积极引导民间资本进入高等教育领域，展开体制创新，经由发展民办高校化解高等教育资金匮乏问题。江苏尤其是苏南经济较发达，有条件引导大财团投资于高等教育事业，大财团办高等教育的优势在于，可提供充足的办学经费，能够留得住高级管理人才，大财团后面的企业还能提供就业岗位，社会影响大，可吸引优秀生源。民办高校在发展中要关注继续教育学院服务社会的作用，继续教育学院设置全日制自考班，不仅能解决社会自考生对正规辅导机构的需求，服务于社会需要，还能为民办高校发展广开财源，壮大学生规模。

（五）产学研三合一服务地方经济

在市场经济发展中，企业和民间有意愿与高校在融通资金方面展开合作。因为投资于高校的回报虽不高，但可靠稳定，且高校有较高的信用度；企业与高校合作，有助于企业知名度的提高，有助于树立企业光辉形象；企业在扶助高校发展之中，也可利用高校科研、人才优势，获得高校的帮扶；企业与高校合作时，可在工商、税务等方面享受一定的优惠政策；企业与高校合作，可较为容易得获得银行信贷支持。高校要争取企业的赞助，这就要通过高校的办学特色、办学质量与社会知名度来打动企业，企业对高校的赞助，可为货币形式的赞助，也可为非货币形式的赞助，可为企业的单方面赠与，也可为企业与高校的研发、咨询、人才培养的双向互动，产学研合作中要实现多方的共赢，才能实现可持续的合作与发展。高校要注重抓住机会，服务于地方经济建设，加强校企互利合作，利用先进技术扶持地方企业发展，与地方企业合作办学，为地方培育专门人才，发挥高校在地方经济发展中的人才培养、技术创新、政策建议的作用，推动区域经济发展，促进区域高等教育均衡发展。

（六）从江苏三大区域的宏观经济布局结构优化高等教育财政支出区域布局

江苏经济发展采取的是非均衡发展策略，依照各地区的差异，制定了各异的策略目标，强力推进苏南提升、苏中崛起、苏北振兴，推动苏南现代化建设示范区、苏南国家自主创新示范区的发展，大力开发国家级南京江北新区，大力推进苏中跨江融合、特色发展，提升整体发展品质。切实支持苏北实行六项关键工程，推动南北挂钩、四项移转，促进苏北振兴，施行分类指导，采取"一市一策""一市一试点"的政策体系。采取举措支持沿海发展，推动沿海地区及周边地区协同发展，构建"一带一路"先行建设基地、江海联动发展基地、开放合作门户基地，打造东部经济增长极。

苏南地区着重于高端发展，苏中地区着重于国际化发展，苏北地区着重于引进合作发展。重点培育南京的软件和智能电网、苏州的纳米技术及材料应用、无锡的物联网和云计算、徐州的太阳能光伏、常州的智能制造装备和南通的海洋装备工程、泰州的生物技术和新医药、昆山的平板显示、扬州的新能源汽车、盐城的节能环保、宿迁镇江连云港淮安的高性能材料和碳纤维等。这些发展策略的布局对规划江苏高等教育财政支出的区域分布，有可圈可点之处。

依照江苏的非均衡发展策略，高校要适应经济发展的准则及江苏经济社会发展的非均衡性，江苏高等教育财政支出的区域布局也要采用非均衡发展策略。江苏的高等教育基地乃南京与苏州，以南京与苏州为核心，沿着南京—镇江—常州—无锡—苏州的沪宁铁路线，形成南京—镇江—常州—无锡—苏州高等教育轴线；再以此轴线为基准，联通徐州，辐射周边的点如扬州、泰州、南通，形成一个小的环形高等教育圈：南京—扬州—泰州—南通—苏州—镇江—常州—无锡高等教育环形圈。经由这个小的高等教育环形圈，联合连云港和徐州，辐射江苏全省的高校群落，形成高等教育财政支出的非均衡发展。

在实施非均衡的高等教育财政支出策略之外，还要按照江苏经济发展的三大策略部署江苏高等教育财政支出的区域格局。首先，重点投入苏中地区的高等教育。苏中位于苏北与苏南之间，苏中的工业较为发达，对人才有着迫切的需求，高校的投入和产出都有一定保障，因此可作为江苏高校建设、高等教育财政支出的最先突破点。其次，要加大苏北的高等教育财政支出力度，推动苏北高校建设，苏北经济与苏中、苏南相比虽不强，但在全国来看，经济处于上升期，高校却不算多，高校的规模与质量不能适应苏北经济发展的需要，因此要加大对苏北高等教育财政支出的规模。

（七）根据各地内部特点优化高等教育财政支出布局

苏南作为江苏经济发展的排头兵，经济发展方向是高新技术产业、先进制造业、现代服务业，针对苏南的特点，苏南的高等教育财政支出布局结构仍以南京为核心。南京大学、东南大学作为江苏综合性大学的代表、国家重点建设对象，要不断增强高等教育质量，以打造国际一流高校。

　　苏中经济发展方向是先进装备制造业、基础原材料产业、港口物流业、海洋工程装备、生物医药等产业集群。苏中地区高等教育发展中的问题是高等教育底子薄，高校缺乏发展所需的文化氛围。针对苏中地区的特点，苏中高等教育财政支出布局结构可进行相应调整：以高职教育为该地区高等教育发展的主导，各地市至少打造一所实力雄厚的综合性高职院校；综合性本、专科院校乃苏中地区高校发展的重点。可采用跨市、跨省、跨国引进的方式，吸引更多实力强的高校举办分校是苏中高等教育发展的合理手段，从而补足苏中高等教育基础，培育文化氛围。

　　苏北经济发展方向是劳动密集型产业，资源加工型产业，从经济发展导向来看，苏北急需大量应用型人才。因此，苏北高等教育的发展要以徐州的中国矿业大学为龙头，扩张规模，提高教育品质；政府和企业联合举办高职教育，为企业培育所需人才，又可提升当地居民素质；对原有高校学科专业结构实施整合优化，凸显地方特色专业；异地办学，在高等教育基础较好的苏南设置一些面向苏北的高校或专业，利用高等教育基地的资源为苏北培育更多应用型人才；创办发展一些社区学院，能够对口培育人才，推动苏北地区经济、社会、文化协调发展。

第三节　区域高等教育财政支出结构的空间分布特征

　　"十三五"规划建议指出，要让社会共享发展，发展是为了人民，发展要依靠人民，人民共享发展成果，要有效地设置制度，使社会成员在共建共享发展中有更高的满意度，增进发展动力，推动人民团结，实现共同富裕。高等教育财政支出作为全社会高等教育服务的主要支撑，其规模与结构对人力资本的形成有着基础性作用，是社会成员共享发展的手段。

　　Caffry 和 Isaacs（1971）认为高等教育财政支出倾向于聚集于发达的城市。Becker 和 Chiswick（1966）提出高等教育财政支出具有高聚集性和强大的人力资源吸附性。Chiswick（2011）指出高等教育财政支出地理布局具有双向性特征，人力资本创造过程的集中性与人力资本活动的流动性。一个国家要在高等教育财政支出上实现平衡发展仅仅乃理想，现实中难以达成，高等教育发展通常乃从一个或若干个"发展中心"逐步向其他地区扩散，因此要遴选特定的地理区域为"发展极"，推动地理区域高等教育极化发展。优先发展特定区域高等教育目的乃经由集中使用财政资源，聚集可以节约资源，合理化财政资源配置（Bouderille，1976）。赵显州（2015）、邓宏亮、黄太洋（2013）的实证研究显示，高等教育投入增长率存在空间分布上的非均衡。钱雪亚、李雪艳、赵吟佳（2013）、高耀、顾剑秀、方鹏（2013）的实证研究表明：城市高等教育投入聚集度有所下降，各主要城市高等教育投入由高到低呈现出"省会城市→东部沿海城市→中西部内陆城市"的分布特征。本书认为高等教育财政支出中的经常性支出与资本性支出是高等教育财政支出中两个性质不同的组成，为全面考察高等教育财政支出的空间分布特征，需要从高等教育财政支出总经费、中央高等教育财政支出、地方高等教育财政支出、高等教育财政经常性支出、资本性支出五方面分类探讨。

一　数据选取

　　高等教育财政支出上，由于各高校的隶属关系不同，财政拨款来源也不同，分为中央高等教育财政支出、地方高等教育财政支出，财政资金使用时，根据使用性质的不同，分为经常性支出和资本性支出，由于绝对值不足以全面反映高等教育财政支出的地区差异，这里除了采用高等教育财政支出、中央高等教育财政支出、地方高等教育财政支出、经常性支出、资本性支出等指标之外，还应用生均高等教育财政支出、生均中央高等教育财政支出、生均地方高等教育财政支出、生均经常性支出、生均资本性支出等指标。这里的数据来自

2008—2014 年中国教育经费统计年鉴，2013 年中国教育经费统计年鉴未出版，故 2012 年数据缺失。

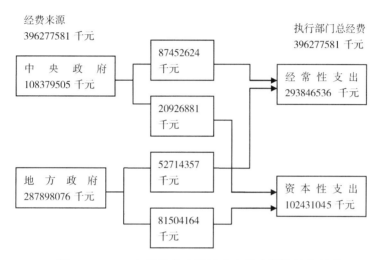

经费来源
396277581 千元

执行部门总经费
396277581 千元

中　央　政　府
108379505 千元

87452624
千元

20926881
千元

经　常　性　支　出
293846536 千元

地　方　政　府
287898076 千元

52714357
千元

81504164
千元

资　本　性　支　出
102431045 千元

图 2-5　2013 年高等教育财政支出的来源和流向结构

二　区域高等教育财政支出结构的空间分布特征

（一）区域高等教育财政支出基本呈现东中西的梯度分布格局

把 2013 年全国 31 个省份高等教育财政支出（这里的高等教育财政支出指的是预算内经费）由大到小排序（见图 2-6），从区域高等教育财政支出的省份排序来看，北京、江苏、上海、广东、山东排名前 5，湖北、四川、陕西、河南、湖南等中西部省份排名前 10；新疆、海南、宁夏、西藏、青海等省份排名最后 5 位，其他中西部省份山西、内蒙古、云南、贵州、甘肃排名都在后面，重庆稍高于部分省份，如福建、山西，中部省份除江西、山西在排名第 16 位的中位数省份黑龙江之后，其他中部省份排名都在中位数之上，表现抢眼。总体来看，我国高等教育财政支出存在东中西的梯度分布格局。

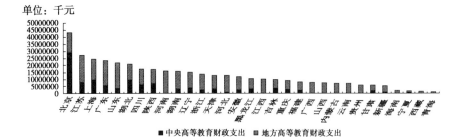

图 2-6　各省份高等教育财政支出的对比

（二）区域高等教育财政支出构成内中央和地方的贡献度差异大

按照区域中央高等教育财政支出在区域高等教育财政支出构成中的贡献度从高到低递减排序（见图2-6）。从中央和地方在高等教育财政支出中的贡献度比较来看，各省份中央和地方在高等教育财政支出中的贡献度（占总高等教育财政支出中的比重）差异大。可以看到各省份的高等教育财政支出中，只有北京的中央投入高于地方投入，其他省份高等教育财政支出都是地方投入高于中央投入，湖北、上海、陕西、四川、吉林、重庆高等教育财政支出中中央贡献度较高，都在30%以上，但都不到50%，甘肃、江苏、黑龙江、宁夏、福建、辽宁、天津、广东、安徽高等教育财政支出中中央贡献度在20%—30%，湖南、浙江、新疆、山东高等教育财政支出中中央贡献度在10%—20%，河北、河南、贵州、江西高等教育财政支出中中央贡献度都低于6%，广西、山西、内蒙古、云南、海南、西藏、青海没有中央投入，存在中央的高等教育投入不是均衡地方间差距，而是拉大地方间差距的效应。

（三）区域高等教育财政支出结构内经常性支出与资本性支出差异大

各省份高等教育财政支出中经常性支出占比都不低，经常性支出占比排前五的是吉林、新疆、黑龙江、上海、湖北，都在80%以上，福建、河南、浙江、北京、青海、广东、辽宁、四川、江苏、山东、内蒙古、重庆、湖南、江西、陕西、山西高等教育财政经常性支出都

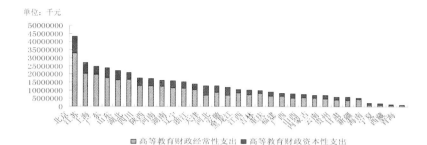

图 2-7　各省份高等教育财政经常性支出的对比

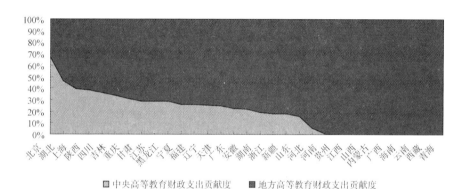

图 2-8　各省份高等教育财政支出结构内中央和地方的贡献度对比

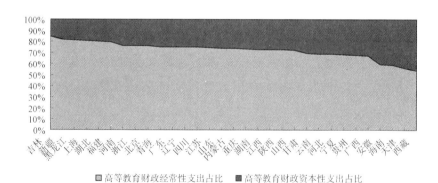

图 2-9　各省份高等教育财政支出结构内经常性支出
和资本性支出占比的比较

在 70%—80%，甘肃、云南、河北、宁夏、贵州、广西高等教育财政经常性支出都在 60%—70%，即使是占比最低的西藏，也在 50% 以上，说明高等教育财政支出中人员经费、办公经费都不少，而用于基础设施建设的部分占比不高。

（四）区域高等教育财政支出总投入与结构性投入都存在空间分布的不均衡

1. 从各省份高等教育财政支出在区域高等教育财政支出中的占比来看，前 4 位省份占比之和达到 29.9%，前 8 位省份北京、江苏、上海、广东、山东、湖北、四川、陕西的占比之和为 49.6%；排名后 4 位的省份高等教育财政支出占比皆不足 1%，占比最高的北京，为 10.9%，占比最低的青海，为 0.25%，两者相差 40 多倍，远远超过 GDP 或人均 GDP 的差距。若把全国 31 个省份看作均质区，则平均占比为 3.2258%，但是 31 个省份的标准差为 2.273%、中位数省份黑龙江的占比为 2.66%，总体上看，区域高等教育财政支出空间分布不够规则。同时，各省份的空间分布差异也较大。

2. 从各省份中央高等教育财政支出在全部中央高等教育财政支出中占比的空间分布情况来看，空间分布的不规则性与差异性更为严重，占比最高的北京，为 26.688%，最低的 7 个省份山西、内蒙古、广西、海南、云南、西藏、青海占比皆为 0，两者的差距更是惊人，前 4 位省份的占比之和为 51.777%，前 8 位省份北京、上海、湖北、江苏、陕西、四川、广东、辽宁的占比之和达到 72.242%，31 个省份的标准差为 5.097524%、中位数省份浙江的占比是 2.33%，同平均值有着较大的差异。

3. 从各省份地方高等教育财政支出在全部地方高等教育财政支出中占比的空间分布情况来看，空间分布有一定的不规则性与差异性，占比最高的江苏省比值为 6.73%，占比最低的青海比值为 0.35%，两者差距小于各省份高等教育财政支出与中央高等教育财政支出相应比值的差值，前 4 位省份占比之和为 25.17%，前 8 位省份江苏、山东、广东、河南、上海、北京、湖南、河北的占比之和为 43.96%，与各

省份高等教育财政支出对应的比值相近，31 个省份的标准差为
1.75%，中位数省份安徽的占比为 3.21%，与平均值只有些微差异。

4. 从各省份高等教育财政经常性支出在全部区域高等教育财政经
常性支出中占比的空间分布情况来看，空间分布的不规则性、差异性
同各省份高等教育财政支出的状况相似，但程度略轻，比值最高的北
京，为 11.2%，比值最低的西藏为 0.25%，两者差距略微大于各省份
高等教育财政支出相应比值的差距，前 4 位省份占比之和为 30.96%，
前 8 位省份江苏、上海、广东、湖北、山东、四川、陕西的占比之和
为 50.97%，与各省份高等教育财政支出对应的比值接近，31 个省份
的标准差为 2.375476%，中位数省份江西的比值为 2.53%，与平均
值有一定差异。

5. 从各省份高等教育财政资本性支出在全部区域高等教育财政资本
性支出中占比的空间分布情况来看，空间分布的不规则性和差异性与各省
份高等教育财政支出的状况类似，占比最高的北京比值为 10.02%，占比
最低的青海比值为 0.24%，两者差距略小于各省份高等教育财政支出对
应值的差距，同时又大于各省份地方高等教育财政支出对应值的差距。前
4 位省份占比之和为 28.1%，前 8 位省份北京、江苏、广东、山东、天
津、安徽、上海、陕西的占比之和为 47.51%，略低于各省份高等教育财
政支出对应比值之和。31 个省份的标准差为 2.1262%，中位数省份江西
的比值为 2.67%，与平均值有一定的差异。

表 2-10　　各省份高等教育财政支出、中央高等教育财政支出、
地方高等教育财政支出、高等教育财政经常性支出、
高等教育财政资本性支出占全国比重值基本统计特征

比值	最大值	最小值	平均值	中位数值	标准差	前 4 位	前 8 位
各省份高等教育财政支出/区域高等教育财政支出总和	0.109	0.0025	0.0323	0.0266	0.02273	0.299	0.496
各省份中央高等教育财政支出/区域中央高等教育财政支出总和	0.26688	0	0.0145	0.0233	0.050975	0.5178	0.7224

续表

比值	最大值	最小值	平均值	中位数值	标准差	前4位	前8位
各省份地方高等教育财政支出/区域地方高等教育财政支出总和	0.0673	0.0035	0.0323	0.0321	0.0175	0.2517	0.4393
各省份经常性支出/区域高等教育财政经常性支出总和	0.112	0.0025	0.0323	0.0253	0.0238	0.3096	0.5097
各省份资本性支出/区域高等教育财政资本性支出总和	0.1002	0.0024	0.0323	0.0267	0.0213	0.281	0.4751

资料来源：据《中国教育经费统计年鉴》（2014）整理而来。

三　区域高等教育财政支出的空间分布变动特征

此处对 2007—2013 年区域高等教育财政支出、区域中央高等教育财政支出、区域地方高等教育财政支出、区域高等教育财政经常性支出、区域高等教育财政资本性支出分别展开探讨，从空间集中、均衡程度择取集中度指数、静态不均衡差指数来测度空间集中程度，择取综合差异系数（变差系数、高校学生数加权变差系数、GDP 加权变差系数）、Gini 系数来测度空间均衡程度，见表 2-11。

经由表 2-11 可发现区域高等教育财政支出的空间分布呈现如下变动特征。

（1）就考察期的集中程度而言，区域高等教育财政支出的集中度指数（CR4、CR8 指数）与静态不均衡差指数（VR4、VR8 指数）都有一定程度的下滑，表明高等教育财政支出的区域分布差距在缩小，逐步趋向均衡分布，区域中央高等教育财政支出集中度指数有些微滑落，但静态不均衡差指数一直没有太大改观，说明区域中央高等教育财政支出的不均衡分布有待解决，区域地方高等教育财政支出的集中度指数、静态不均衡差指数，区域经常性支出、区域资本性支出的集中度指数、静态不均衡差指数也都呈现下降态势，趋于均衡分布。

（2）就考察期的均衡程度而言，区域高等教育财政支出、区域地方高等教育财政支出、区域经常性高等教育财政支出、区域资本性高等教育财政支出的综合变差系数（变差系数、相对学生数的加权变差系数、相对 GDP 的加权变差系数）、基尼系数皆呈现下降趋势，说明高等教育财政支出在区域间的分布正在由非均衡状态转向均衡状态，但区域中央高等教育财政支出的综合变差系数较大，但有一些滑落，表明区域中央高等教育财政支出在缓慢向均衡状态转变，但非均衡状态较为严重。

表 2-11　　2007—2013 年区域高等教育财政支出空间分布及其变动特征指标比对

高等教育财政支出	年份	集中度指数（%）		静态不均衡差指数（%）		综合差异系数			Gini 系数
		CR4	CR8	VR4	VR8	变差系数	高校学生数加权变差系数	GDP 加权变差系数	生均支出
区域高等教育财政支出	2007	37	55	94.59	87.27	0.855	1.2343	1.5397	0.1733
	2008	18	34	88.89	76.47	0.836	1.2037	1.5461	0.1741
	2009	35	54	100	88.68	0.833	1.1637	1.4429	0.1999
	2010	35	53	100	85.19	0.828	1.16	1.40	0.1610
	2011	31.63	51.38	94.5	85.39	0.75	1.052	1.25	0.4481
	2013	29.9	49.6	94.65	84.33	0.70	1.01	1.20	0.0978
区域中央高等教育财政支出	2007	49.98	70.94	100	100	1.464	1.24	1.6117	0.0614
	2008	50	72	100	99.99	1.216	2.8385	1.2864	0.1458
	2009	49.82	71.95	100	100	1.133	2.846	1.2597	0.0433
	2010	53.9	73.5	100	100	1.357	3.147	1.63	0.0758
	2011	52.63	74.99	100	100	1.59	3.0557	1.56	0.1301
	2013	51.78	72.24	100	100	1.58	3.22	1.53	0.0601
区域地方高等教育财政支出	2007	31.99	51.8	92.97	83.73	0.732	1.22	1.6327	0.1397
	2008	33	51	93.94	84.31	0.750	1.24	1.6660	0.0119
	2009	31.83	50.14	94.53	83.82	0.697	1.19	1.5870	0.1358
	2010	29.65	47.94	93.22	79.93	0.633	1.101	1.45	0.0972
	2011	26	44	92.31	79.55	0.54	0.9656	1.31	0.1104
	2013	25.17	43.93	91.895	78.85	0.54	1.03	1.21	0.0330

高等教育财政支出	年份	集中度指数（%）		静态不均衡差指数（%）		综合差异系数			Gini系数
		CR4	CR8	VR4	VR8	变差系数	高校学生数加权变差系数	GDP加权变差系数	生均支出
区域经常性高等教育财政支出	2007	34.52	53.55	95.83	87.39	0.791	1.1624	1.43398	0.1444
	2008	31.82	52	95.08	86.54	0.721	1.0764	1.37027	0.3152
	2009	32.90	52.70	96.29	86.81	0.788	1.0822	1.3615	0.1750
	2010	33	53	99.59	88.46	0.789	1.09	1.29	0.1590
	2011	34.05	52.52	96.06	86.77	0.811	1.057	1.27	0.1681
	2013	30.96	50.97	95.57	81.59	0.74	1.04	1.21	0.1189
区域资本性高等教育财政支出	2007	48.56	63.88	96.48	92.16	1.269	1.6540	2.0740	0.1861
	2008	51.11	66	97.16	93.94	1.299	1.6642	2.1104	0.6622
	2009	46.16	62.87	96.47	91.32	1.188	1.5161	1.9332	0.3238
	2010	22.44	32.07	80.88	58.68	1.070	1.48	1.79	0.2961
	2011	32.11	52.48	93.27	86.93	0.74	1.12	1.43	0.1271
	2013	28.1	47.51	91.87	82.89	0.66	1.58	1.18	0.1001

（3）就考察期的高等教育财政支出与经济增长的分布对比而言，2007—2013 年区域 GDP 的变差系数在 0.8474—0.7675，也呈下滑态势，略高于同期的区域高等教育财政支出差距，2007—2013 年区域高等教育财政支出变差系数在 0.8548—0.70，区域高等教育财政支出差距小于区域 GDP 差距，说明高等教育发展差异小于 GDP 发展差异，主要是人为政策因素造成。

（4）就考察期的高等教育财政支出与收入分层的分布对比而言，2007—2013 年区域 Gini 系数在 0.27—0.42[①]，高于同期高等教育财政支出差距，2007—2013 年区域高等教育财政支出 Gini 系数在 0.0978—0.4481，且数据普遍偏小，表明高等教育财政支出不是收入

---

① 田卫民：《省域居民收入基尼系数测算及其变动趋势分析》，《经济科学》2012 年第 2 期。

分层的主要缘由。

CR4、CR8 指数分别表示前 4、8 位的占比和。静态不平衡差为 R&D 经费前 n 位和后 n 位之差占前 n 位之和的比值，VR4、VR8 指数分别表示前 4 位与后 4 位之差与前 4 位之和的比值、前 8 位与后 8 位之差与前 8 位之和的比值。综合变差系数中，变差系数是把各区域当作均质区（人口、地理面积等），反映区域间高等教育财政支出分布的相对差异，是标准差与平均值的比，高校学生数加权变差系数反映区域高等教育财政支出经费相对于高校学生分布的相对差异，是考虑了各区域高校学生数权重的变差系数，GDP 加权变差系数反映区域高等教育财政支出相对于 GDP 分布的相对差异，是考虑了各区域 GDP 权重的变差系数，Gini 系数是根据 Lorenz 曲线来测算高等教育财政支出分布不平等程度的指数，$G = 1 - \Sigma \sum_{i=1}^{n} P_i (2Q_i - W_i)$，$W_i$ 是各区域高等教育财政支出占总高等教育财政支出的比例，P_i 是各区域高校学生占高校学生总数的比例，Q_i 是按各区域高等教育财政支出由小到大排序，计算的高等教育财政支出累积比例。

四 结论与政策含义

区域高等教育财政支出的空间非均衡分布类似于区域经济，但区域高等教育财政支出空间分布非均衡情况轻于区域 GDP，从发展趋势上看，区域高等教育财政支出空间分布上趋于均衡，而区域中央高等教育财政支出由于受国家打造国际一流高校政策的影响呈现非均衡分布状态，而且有所加剧，反映了强者愈强的马太效应，政府力量没有缩小区域差距弥补市场失败，反而加大了区域差距。

区域高等教育财政支出的空间非均衡分布类似于收入分层，但程度低于收入分层，政府在高等教育财政上的安排对于收入分层的影响不大，进一步说明政府力量没有弥补市场失败，没能够有效地缩小收入分配差距，未能实现两头小中间大的收入分层格局。

总体上看，我国区域高等教育财政支出差距存在，区域高等教育发展差距存在，未得到切实有效的解决。

区域高等教育财政支出的空间分布及变动特征乃繁难的问题，从世界范围来看，高等教育财政支出较为集中，但集中程度低于 GDP、收入分层，说明政府力量虽没有完全弥补市场失败，但还是在一定程度上减轻了市场失败，这里经由对我国各省份高等教育财政支出空间分布及变动特征的探讨，也佐证了此主张。高等教育财政支出空间分布倾向于更为集聚于少数区域，主要是国家高等教育发展战略在空间上有一定的倾向性。我国高等教育财政支出在空间分布上，呈现非均衡分布状态的同时，也逐步转向均衡状态，表明政府的高等教育财政支出布局开始关注区域效应，试图刺激地方高等教育的均衡发展，这是好的信号。高等教育财政支出的空间分布要同区域经济发展水平、区域学生人数相称，我国高等教育财政支出空间分布上更多地聚集于学生众多、经济发达的东部地区，东中西的差距在加剧，这种现象符合一般的发展规律，但是不利于中西部高等教育的发展，不利于中西部人才的培养，中西部地区自身发展落后而且高等教育投入缺乏，难以实现高等教育上的赶超先进，陷于恶性循环之中。

这就援引出相应的政策含义。①中央政府要合理布局高等教育财政支出，推动地方高等教育发展，全国布局中高等教育财政支出要在区域间合理分配，在讲求效率的前提下，优先地方高等教育均衡发展，尽量规避过度集中，在条件相近的情形下，优先考虑在高等教育欠发达的地区加大投入，对有一定高等教育资源基础的欠发达地区优先投入，进一步推动《中西部高等教育振兴计划（2012—2020 年）》等，着重支持欠发达区域高等教育基础设施建设，培养与引进高层次人才，提升国际化水平，提高文化传承创新能力，推动科学研究、科技成果转化服务中西部地区产业升级、社会进步等。②积极发挥高等教育财政支出的"杠杆效应"，引导高等教育活动实现国家人才培养、大众创业、万众创新的战略目标，经济发达的东部地区高等教育发展势头正旺，已形成高等教育经济集聚区，国家要积极引导高等教育经济集聚区对高等教育发展做出更多、更大的贡献，如经由政府对高校的支持，引导高校培养社会急需人才，引导高校科技成果的转化，增强应用基础研究能力，增强高校创新能力的同时，为国家提供创新源泉，提供创新人才，实现国家发展目标与高等教育发展目标的交互作用。

第四节　区域高等教育财政支出产出的影响因素——兼论高等教育财政支出产出的区域差距

一　引言

大量理论和实践已证实高等教育财政支出是收入增加的源泉，是经济增长的动力，高等教育财政支出的产出直接表现为高校学生数量，招生数、在校生数、毕业生数都大规模增长，20世纪90年代以来，我国高校不断扩招，高校招生数、在校生数、毕业生数量不断增加，我国高等教育的招生数已从1978年的40.2万人提高到2015年的700万人，增加了17.42倍，普通高校毕业生规模自1978年的16.45万人提升至2015年的749万人，提高了45.53倍，普通高校在校学生规模由1978年的85.63万人提升至2015年的2547.7万人，增长了29.75倍，普通高校数量由1978年的598所增长至2015年的2553所，增长了4.27倍。若把山东2014年高校在校生数约占全国的7.1%，西藏同期高校在校生数占比不足全国的0.13%，50多倍的差异归因于高等教育财政支出的差距，那么对于北京和吉林这两个在校生数相近的地区而言，2007—2013年北京的年均高等教育财政支出是吉林的4.38倍，但年均每10万人口在校生数只是吉林的1.96倍，此类差距就不能只用规模效应来说明，必定同区域的特定因素有关联。因此，影响高等教育财政支出，特别是影响高等教育财政支出效率的因素是什么，此乃此处希望解释的一个问题。与我国东中西与东北地区四大板块间的经济差距相比而言，高等教育财政支出产出的地区差距更为巨大，譬如 2007 年四大板块 GDP 分别占全国的 55.06%、18.94%、17.58%、8.42%，在校学生数分别占全国的 41.83%、24.9%、23.16%、10.11%，2013 年四大板块 GDP 分别占全国的 50.78%、23.06%、17.59%、8.6%，相应在校学生分别占全国的 40.43%、25.98%、23.88%、8.5%，可以看到高等教育财政支出的产出在校学生数向着经济发展快、收入水平高的东部地区聚集。造成此差距的缘由及由此对地区经济差距、收入差距的影响，是这里尝试回答的第 2 个问题，也是第 1 个问题的拓展。

　　Jorge 等（2014）[①] 提出教育投入、经济增长、收入分配的分析框架，发现增加教育投入有利于经济增长，收入分配公平。这里借用这个分析框架探讨中国高等教育财政支出产出的影响因素，但不同之处在于：一个是上述研究假定国家处于闭锁的经济环境之中，较少涉及高等教育财政支出溢出，这里把国际或区域间高等教育财政支出溢出作为影响区域高等教育财政支出产出的一个因素，因在全球一体化情境之下，有些区域对外教育联系是影响区域高等教育财政支出的重要因素；还有一个不同是区域有别于国家，区域可以依托国家高等教育支持而专注于高等教育的发展，专注于区域经济发展，专注于区域收入水平的提高。这里扩展 Jorge 等的教育投入环境指标，在高等教育财政支出总量的基础上，增加反映高等教育财政体制的变量，期望诠释天津、上海等地高等教育财政支出不少但高校在校生数相对少的原因，还增加了反映高等教育财政支出产出的关联变量（如政治），期盼诠释东部地区由于高等教育财政支出规模大而在校生数也高的原因，从而更符合我国区域高等教育财政支出的实际。在提出区域高等教育财政支出产出分析框架与模型的基础上，采用单因子回归分析高

---

　　① Jorge F. Baca Campodónico, Jorge R. Peschiera Cassinelli, Jorge A. Mesones, *The Impact of Public Expenditures in Education, Health, and Infrastructure on Economic Growth and Income Distribution in Peru*, IDB Publications, IDB Working Paper Series, 490, 2014.

等教育财政支出产出的影响因素，发现高等教育财政支出规模与效率同高等教育基础条件相关，还采用分模型回归与两阶段剩余回归检验高等教育财政支出效率的影响因素，发现高等教育财政支出效率取决于区域的特定因素，尤其是高等教育集群环境。在采用 Theil 指数比较区域高等教育财政支出、产出、收入分层、经济增长的空间差异时，发现高等教育财政支出产出的地区差距比经济差距更大但有好转态势，这是由区域高等教育财政支出规模与效率共同决定的，高等教育财政支出产出的地区差距经由影响全要素生产率、高等教育财政支出规模，加大区域经济发展差距，拉大区域收入分层的差距。这里对高等教育财政支出产出的影响因素及其地区差距的研究，有助于从高等教育财政支出产出角度阐释我国地区收入分层差异、经济增长差异的缘由，为区域高等教育进步、经济协调发展、收入分层合理化提供决策参考。

二　区域高等教育财政支出产出的分析架构及影响因素

Jorge 等根据 Cobb-Douglas 生产函数分析教育投入、收入分配、贫困、经济增长之间的关系，来探讨高等教育财政支出产出的影响因素与资源配置效率，但是没有关注高等教育投入的溢出渠道及溢出效应（Pilkington，2014[①]；Konopczyński，2014[②]；Ajilore，2013[③]）。这里认为区际高等教育财政支出溢出对区域高等教育财政支出产出的影响更大，较国家而言，区域在直接吸收高等教育财政支出溢出上的积极性更大，如东莞和宿迁高等教育资源并不充沛，但通过积极吸引人才发展经济，经济增长水平远远高

①　Marc Pilkington, "Complementarities between the French and Moldovan Higher Education Systems-Some Implications for Economic Growth", *Social Science Electronic Publishing*, Vol. 10, No. 1, 2014.

②　Michal Konopczyński, "How Taxes and Spending on Education Influence Economic Growth in Poland", *Contemporary Economics*, Vol. 8, No. 3, 2014.

③　Olugbenga Ajilore, "Estimating the Spillover Effects of School District Demographics on Per-pupil Spending", *Journal of Education Finance*, Vol. 39, No. 2, 2013.

于同类型城市，收入分层相对也合理些。

根据如上探讨，本书提出区域高等教育财政支出产出的分析架构，涵盖 4 类 8 个方面的因素：高等教育财政支出基础、高等教育财政支出集群环境、经济收入水平、区际高等教育财政支出空间溢出效应，具体而言，高等教育财政支出基础来自内生增长理论，关注高等教育财政支出的规模与结构及努力，是高等教育财政支出的基本因素，涵盖高等教育财政支出规模、前期高等教育发展存量；高等教育财政支出集群环境，来自高等教育集群的外部性理论，关注高等教育内的合作与竞争，涵盖高等教育财政支出集聚（区域布局）与高等教育财政支出联系（政治）对产出的影响；经济收入水平，关注高等教育财政支出对收入分层的影响，对经济发展水平的影响；区际高等教育财政支出空间溢出效应来自新经济地理学相关理论，考察区域高等教育财政支出产出受到其他区域高等教育财政支出的影响。

三　模型分析

这里借鉴 Romer（1990）[①] 的内生增长模型构建高等教育财政支出产出的生产函数如下，

$$Y_{i,\,t+1} = \delta_{i,\,t}(X_{i,\,t}^{E},\ X_{i,\,t}^{P},\ X_{i,\,t}^{S})H_{i,\,t}L_{i,\,t} \tag{1}$$

$Y_{i,t+1}$ 代表 i 省份 $t+1$ 年的高等教育财政支出产出，用每 10 万人的高校在校生数表示，$H_{i,t}$ 代表该省份高等教育财政支出额，$L_{i,t}$ 代表该省份前期的高等教育基础，X^E、X^P、X^S 分别为关键性的解释因子：高等教育财政支出集群环境、产学研联系的质量、区际高等教育财政支出溢出。就公式（1）求对数获得如下公式（2）：

$$\ln Y_{i,\,t} = \alpha_{i,\,t} + \beta_E \ln X_{i,\,t}^{E} + \beta_P \ln X_{i,\,t}^{P} + \beta_S \ln X_{i,\,t}^{S} + \gamma \ln H_{i,\,t} \tag{2}$$
$$+ \lambda \ln L_{i,\,t} + Dummy_{region} + \varepsilon_{i,\,t}$$

其中，$Dummy_{region}$ 代表的是区域的虚拟变量，$\varepsilon_{i,t}$ 代表的是随机误差项。

---

① Paul Romer, "Endogenous Technological Change", *Journal of Political Economy*, Vol. 98, No. 5, 1990.

除了虚拟变量之外,其他变量皆以对数形式测算,因此估计的系数可指代为贡献弹性。

因变量 $Y_{i,t}$,代表高等教育财政支出产出,由于面板数据的非平稳性,若择取高等教育财政支出增长率则误差也许会过大,所以这里采用每 10 万在校生数作为高等教育财政支出的产出指标。

第 1 组解释性变量乃高等教育财政支出基础: $\ln H_{i,t}$ 与 $\ln L_{i,t}$ 分别代表高等教育财政支出规模与前期的高等教育存量,以对内生增长理论进行验证, $\ln H_{i,t}$ 与 $\ln L_{i,t}$ 作为推动高等教育发展的基本动力,高等教育财政支出规模越高,高等教育存量越大,高等教育财政支出强度也就越大,产出总量也会越大。

第 2 组解释性变量乃高等教育财政支出集群环境: X^E 矢量集,涵盖反映高等教育财政支出区域布局的变量 (X^E: Con)、反映区域高等教育财政支出联系的变量 (X^E: EIBS)。高等教育财政支出区域布局变量用来测度高等教育财政支出的集中度,集中度越大,高等教育财政支出产出强度越高。高等教育财政支出联系用地方预算内教育支出/地方财政支出(EIBS)来表示,EIBS 有利于区域高等教育财政支出产出提高,EIBS 越大,产出就越大。

第 3 组解释性变量乃高等教育财政支出经济收入联系: X^P 矢量集,涵盖反映区域经济增长水平的变量 (X^P: GDP)、反映区域收入分层水平的变量 (X^P: Gini)。按照人力资本理论,区域高等教育财政支出规模越高,经济发展水平越强,收入分层越合理。

第 4 组解释性变量乃区际高等教育财政支出溢出效应: X^S 矢量集,涵盖反映区域高等教育财政支出能力的变量 (X^S: LFR)、反映区域高等教育财政支出溢出水平的变量 (X^S: REXP)。区域高等教育财政支出能力越强,对其他区域影响就越大。区域高等教育财政支出溢出水平用省本级财政性高等教育支出/区域财政性高等教育支出表示,REXP 越高,对邻近区域高等教育财政支出影响越大。

虚拟变量。上海、北京、天津、重庆 4 个直辖市人口相对少且是我国高等教育资源的聚集地,与其他省份有着显著差异(直辖市赋值为 1，其他省份赋值为 0）。表 2-12 为变量的类别、含义与测算方式。

表 2-12 变量的类别、含义与测算方式

变量	含义	测算方式
因变量：高等教育财政支出产出		
产出强度：ln ($Y_{i,t}$)	每 10 万人高校在校生数代表高等教育财政支出产出效率	t 年每 10 万人高校在校生数
自变量：影响因子		
因子 1：高等教育财政支出基础		
H：ln（EDU）	高等教育财政支出规模	高等教育财政支出额
L：ln（UNI）	用高校数表示前期的高等教育存量	省份当年高校数量
因子 2：高等教育财政支出集群环境		
X^E：Con	反映高等教育财政支出区域布局	区域高等教育财政支出增加值/全国高等教育财政支出增加值
X^E：EIBS	反映区域高等教育财政支出联系	地方预算内高等教育支出/地方财政支出
因子 3：高等教育财政支出经济收入联系		
X^P：GDP	反映区域经济增长状况	区域 GDP
X^P：Gini	反映区域收入分层状况	区域基尼系数
因子 4：区际高等教育财政支出溢出效应		
X^S：LFR	反映区域高等教育财政支出能力	区域财政收入
X^S：REXP	反映区域高等教育财政支出溢出水平	省本级财政性高等教育支出/区域财政性高等教育支出
虚拟变量：$Dummy_{region}$	区分直辖市与其他省份	北京、天津、上海、重庆为 1，其他省份为 0

四 计量分析结果

这里分两部分展示计量分析结果：首先，探讨区域高等教育财政支出产出绝对规模的影响因素；其次，分析区域高等教育财政支出产出相对规模（效率）的影响因素。

（一）区域高等教育财政支出产出绝对规模的影响因素

山东、江苏等经济大省高校在校生数绝对规模远远高于那些经济总量小、人口规模少的省份，直接原因即为高等教育财政支出规模的差异。因此，这里采用单因子回归检验高等教育财政支出、前期高等教育财政支出存量、经济规模、收入分层、人口规模5个指标对高等教育财政支出产出绝对量的影响。实证结果见表2-13，从中可以发觉，首先，除收入分层指标之外，其他所有指标对高等教育财政支出产出总量来源的解释度都在65%以上（$R^2 > 0.65$）。收入分层的解释度较低，可能是由于这里以省份为研究样本，劳动力在区域之间的转移较为便利，如广西人口相对多而高等教育财政支出产出总量——在校生数相对较少，而高等教育财政支出产出总量主要来自于经济发达的省份。其次，前期高等教育财政支出存量、人口规模指标的系数皆为1.0左右，证实了内生增长模型乃规模效应不变函数，表明采用调整后的内生增长模型分析高等教育财政支出效率的影响因素是合理的，需加以说明的是，收入分层指标的系数（-0.8798）为负数，正说明高等教育财政支出产出与收入分层的反向变动关系。经济越发达，高等教育财政支出产出越大，高校在校生数越多，相应收入分层指标就越小，收入分层越趋于合理，造成北京、上海、江苏这些省市，收入分层相对于海南、贵州而言，更为合理一些。

表2-13　影响区域高等教育财政支出产出绝对规模的单因子回归分析结果

变量及系数	影响区域高等教育财政支出产出绝对规模（高校在校生数绝对值）的因素 $\ln(Y_{i,t})$			
高等教育财政支出 $\ln$（EDU）	0.8113* (0.0371)			
前期高等教育财政支出存量 $\ln$（UNI）		1.2382* (0.0158)		
经济规模 $\ln$（GDP）			0.8734* (0.0245)	
收入分层 $\ln$（GINI）				-0.8798* (0.3765)

变量及系数	影响区域高等教育财政支出产出绝对规模（高校在校生数绝对值）的因素 ln（$Y_{i,t}$）				
人口规模 ln（POP）					1.0738* (0.0271)
Dummy$_{region}$	不显著	不显著	不显著	不显著	不显著
R^2	0.6899	0.9662	0.8557	0.0248	0.8793

注：* 表示在 1% 水平上显著，括号内是标准差。样本包括 2007—2013 年我国 31 个省份的数据，共 217 个观测值。

（二）区域高等教育财政支出产出相对规模（效率）的影响因素

内生增长模型及所反映的高等教育财政支出产出的基础条件具备规模不变效应，则调整后的模型中的参数即可显示高等教育财政支出产出效率。为此，这里使用公式（3）进行回归分析。回归分析时需解决一个问题：进行面板数据回归分析时，固定效应模型与随机效应模型的选择。Hausman 检验证实随机效应模型方程优于固定效应模型方程，所以这里采用随机效应模型。这里分两组来解释回归分析结果，一个为模型基本回归分析，还有一个为两阶段回归分析。

1. 模型的基本回归分析结果

基本回归分析结果如表 2-14 所示。

首先，以内生增长模型为基准模型。用高等教育财政支出［ln（EDU）］作为衡量高等教育财政支出产出努力程度的变量，用各省份高校数［ln（UNI）］表示前期高等教育财政支出存量，回归方程具备良好的有效性，基准模型的回归分析结果显示：ln（EDU）和 ln（UNI）系数分别为 -1.7193、2.7192，说明高等教育财政支出对产出具有反向消极的影响，高等教育财政支出增加 10%，引发每 10 万人在校生数下降 17.193%，说明我国高等教育财政支出存在不均衡分布，产出既定的情况下，生均高等教育财政支出存在较大的区域差异。高等教育财政支出基础对产出有着正向积极的影响。在其他因素不变的情况下，高等教育财政支出存量高 10%，有助于每 10 万人在校生数提高 27.192%，该结果验证了内生增长理论，还说明高等教育财政支出基础是产出的重要条件。

其次，采用整体方程来检验全部变量的影响。回归分析结果表明，（1）高等教育财政支出基础的两个变量的系数和内生增长模型的系数反向，说明在考虑多个因素影响的情况下，高等教育财政支出额在产出中发挥着正向作用，而高等教育财政支出存量在产出中则发挥着负向作用，说明不变规模效应需要进一步探讨。（2）高等教育财政支出集群环境：区域高等教育财政支出布局——区域高等教育财政支出集中度（X^E：Con）和区域高等教育财政支出联系（X^E：EIBS）对产出负向影响，区域高等教育财政支出布局的负向影响较小，系数为-0.0216，区域高等教育财政支出联系的负向影响更为显著，系数为-3.4284，说明国家在高等教育资源增量分配时，更关注区域的均衡，而地方之间由于财力的差异，地方的利益考虑，产出有着较大差距。总体而言，负的系数证实，高等教育财政支出集群环境是影响高等教育财政支出效率的重要因素。（3）经济收入联系：经济增长1%，会带来高等教育财政支出产出增加0.0715%，说明经济的增长有利于高等教育财政支出产出效率的提高，反映收入分层的GINI系数下降1%，会带来高等教育财政支出产出效率提高0.2334%。说明高等教育财政支出产出与经济增长、收入分层间的关系是积极的，但影响不是过于显著。（4）区际高等教育财政支出溢出：LFR、REXP的系数分别为-3.9672、-0.0952，说明区域财政能力对产出有较大的负向影响，区域高等教育财政支出溢出水平的负向影响较小，反映区域高等教育财政支出溢出对产出有着消极影响，可能是由于我国高等教育的人才培养采取的仍然是计划分配额度的缘由。总体来看，区外高等教育财政支出溢出由于人员的流动性，对高等教育财政支出效率有着较大的影响。

2. 两阶段回归分析结果

为进一步分析高等教育财政支出产出效率对产出强度的影响，这里运用两阶段剩余估值法，在去掉高等教育财政支出产出规模影响因素的回归剩余中对产出效率因素展开再回归，先就所有因素展开回归分析，再就一些显著性因素实施回归分析，实证结果如表 2-14 所示。

表 2-14　区域高等教育财政支出产出效率影响因素的回归分析结果

影响因素	变量	高等教育财政支出产出效率 ln（$Y_{i,t}$）				
		基本回归分析结果		两阶段回归分析结果		
		内生增长模型	整体方程	阶段 1：$Z=$ln（$Y_{i,t}$）	阶段 2：所有指标 $\varepsilon=$ln（$Y_{i,t}$）$-E$ln（$Y_{i,t}$）	阶段 2：部分指标 $\varepsilon=$ln（$Y_{i,t}$）$-E$ln（$Y_{i,t}$）
基础	ln（EDU）	-1.7939 (0.2124)	4.0014 (0.4010)	-1.7939 (0.2124)		
	ln（UNI）	2.7192 (0.2640)	-0.0875 (0.0445)	2.7192 (0.2640)		
集群环境	X^E：Con		-0.0216 (0.0094)		-0.0249 (0.0092)	-0.0224 (0.0091)
	X^E：EIBS		0.4284 (0.6196)		0.5688 (0.0521)	0.5822 (0.0366)
经济收入联系	X^P：GDP		0.0715 (0.0471)		0.0019 (0.0670)	0.0360 (0.0140)
	X^P：Gini		-0.2334 (0.0664)		-0.2291 (0.0670)	-0.2534 (0.0624)
溢出效应	X^S：LFR		0.9672 (0.6191)		0.0575 (0.0407)	
	X^S：REXP		-0.0952 (0.0690)		-0.0644 (0.0682)	
虚拟变量	Dummy$_{region}$	1.5091 (0.3434)	0.2490 (0.0425)		0.27841 (0.0409)	0.2871 (0.0407)
常数项	C	21.5403 (2.4064)	2.2024 (0.4010)		2.3339 (0.4009)	2.3547 (0.2874)
拟合度（R^2）		0.3353	0.8313	0.3353	0.8264	0.8234
Wald 检验		Chi^2(3) = 216.86 Prob>Chi^2 =0.0	Chi^2(9)= 458.37 Prob>Chi^2 =0.0	Chi^2(3)= 216.86 Prob>Chi^2 =0.0	Chi^2(7)= 165.34 Prob>Chi^2 =0.0	Chi^2(5)= 125.81 Prob>Chi^2 =0.0
样本数（组数）		217（31）	217（31）	217（31）	217（31）	217（31）

注：各数据在 5% 的水平上显著，括号内的值是标准差。

（1）在阶段 2 对全部指标进行剩余回归分析的过程中，高等教育财政支出集群环境的高等教育财政支出区域分布结构与高等教育财政支出集聚度、经济收入联系的 GDP 和基尼系数、虚拟变量的系数仍然较为显著，而区域高等教育财政支出溢出指标仍不够显著，结果与整体方程的回归结果相近，在去掉高等教育财政支出基础指标之后，这些反映高等教育财政支出区域特征的因素能够说明产出的 80% 以上的来源（$R^2 = 0.8264$），表明高等教育财政支出效率有赖于区域的特征。

（2）在阶段 2 对优选指标进行剩余回归分析的过程中，择取了显著性较强的变量展开再回归，可看出，这些优选指标有着较强的显著性，全部优选指标在 5% 的置信水平表现为显著，较阶段 2 对所有指标的回归分析系数而言，除了高等教育财政支出区域分布结构指标之外，其他优选指标的对应系数皆有所提高，一方面说明国家在高等教育财政支出配置时有所注意区域均衡；另一方面也说明这些优选指标对高等教育财政支出产出的解释性在增强，可以解释高等教育财政支出效率 80% 以上的来源（$R^2 = 0.8234$），显示了这些优选指标是扰动高等教育财政支出产出的重要因素，也体现了高等教育财政支出效率的区域间的非均衡。

五　评价区域高等教育财政支出产出的差距

（一）区域高等教育财政支出产出的差距情况

这里运用区域泰尔指数来比较各省份高等教育财政支出产出、高等教育财政支出、经济增长水平、收入分层的空间分布情状。区域泰尔指数可以反映经济社会现象空间分布的聚集情况，泰尔指数越高，空间集中度就越大，空间分布的不均衡程度就越高。分析结果如图 2-10 所示，从中可以看到，2007—2013 年，经济增长水平的泰尔指数有所下降，但相较于经济增长水平的泰尔指数，高等教育财政支出的泰尔指数更大，其次是收入分层的泰尔指数，高等教育财政支出产出的泰尔指数最小，高等教育财政支出的泰尔指数最大，说明高等教育财政支出的区域分布不均衡最显著，但各个指标的泰尔指数都呈现一种下降的态势，表明区域间高等教育财政支出产出、高等教育财政支出、经济增长水平、收入分层虽然存在区域非均衡，但存在着好转的势头。

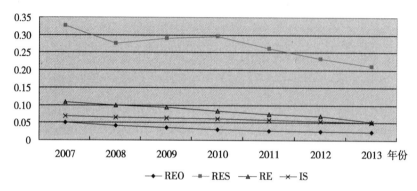

图 2-10　区域高等教育财政支出产出、高等教育财政支出、经济水平、

收入分层的塞尔指数

注：RES 代表区域高等教育财政支出（Regional Education Spending），REO 代表区域高等教育财政支出产出（Regional Education Output），RE 代表区域 GDP（Regional Economy），IS 代表区域收入分层（Income Stratification）。

资料来源：根据《中国统计年鉴》《中国教育经费统计年鉴》（2008—2014 年）数据整理所得。

（二）区域高等教育财政支出产出差距的成因

区域高等教育财政支出、高等教育财政支出产出存在差距，但趋向好转，缘由几何？若此差距只是源于区域间财力及高等教育财政支出规模的差距，则高等教育财政支出产出乃区域经济活动的必然合理结果，但高等教育财政支出基础下的投入产出函数存在规模不变效应，即此种区域差距不仅受到支出规模影响，还受到效率因素的影响。因此，此良性发展的高等教育财政支出产出的区域差距值得探究，此处分东中西与东北地区四大板块进行回归分析，实证结果如表 2-15 所示，可以看到，高等教育财政支出基础中，东部高等教育财政支出存量的系数大于中部、西部和东北地区，表明东部的高等教育财政支出规模效应对产出有一定影响，高等教育财政支出系数皆为负数，表明投入和产出不是正向关系，同时表明东部的单位产出投入较大，学生得到了更好更多的教育资源。高等教育财政支出集群环境中，东部高等教育财政支出布局系数高于中部、西部和东北地区，高等教育财政支出联系系数为负，但小于中部、西部和东北地区，表明东部的高等教育财政支出集群环境更有利于产出增加。经济收入的联系中，经济增长水平系数在东部的显著性高于中部、西部和东北地区，表明经济增长水平对高等教育财政支出产出的正向作用，且存在区域间的非均衡作用，四大板块收入分层系数皆为负数，也正体现着收入分层系数越小，高等教育财政支出产出越大的现象，同时西部的收入分层系数绝对值最大，也表明经济欠发达的西部地区收入分配公平度最差，不利于高等教育财政支出产出的增长。区际高等教育财政支出溢出中，反映区域高等教育财政支出能力的区域财政收入的系数为正，东部地区的系数高于其他三个地区，表明区域财政收入对高等教育财政支出产出有正向作用，反映区域高等教育财政支出溢出水平REXP 的系数皆为负数，表明区际高等教育财政支出溢出效应不够明显，区域间的产出更多还是由政府按计划指令来分配。虚拟变量，由于东部地区拥有三个直辖市，系数较大，高于只拥有一个直辖市的西部地区，说明国家在资源配置上对直辖市有着较大的倾斜，而中部和东北地区没有直辖市，享受不到类似的资源配置优待。总体来看，多数变量的系数较为显著，东部地区的多数系数较高，表明我国高等教育财政支出产出的区域差异，一方面是由于高等教育财政支出规模引起的；另一方面是由于东部地区的产出效率更高，尤其是有着优良的高等教育财政支出集群环境与区域间的外溢路径。

表 2-15　东中西和东北地区四大板块高等教育财政支出产出的决定因素

影响因素	变量	东部：lnY	中部：lnY	西部：lnY	东北：lnY
基础	ln（EDU）	-0.4426 （0.1937）	-0.0446 （0.2169）	-0.0996 （0.1438）	-0.3369 （0.1590）
	ln（UNI）	0.2430 （0.2269）	0.1806 （0.2382）	-0.0640 （0.1798）	0.1892 （0.2212）

续表

影响因素	变量	东部：lnY	中部：lnY	西部：lnY	东北：lnY
集群环境	X^E：Con	0. 1283 （0. 0488）	0. 0646 （0. 04085）	0. 0877 （0. 0481）	0. 1175 （0. 0475）
	X^E：EIBS	−0. 0165 （0. 0768）	−0. 0440 （0. 0789）	−0. 0855 （0. 0684）	−0. 0527 （0. 0372）
经济收入联系	X^P：GDP	0. 3576 （0. 3988）	0. 1943 （0. 3005）	0. 2028 （0. 2365）	0. 0504 （0. 3731）
	X^P：Gini	−0. 2516 （0. 1766）	−0. 2507 （0. 1854）	−0. 2826 （0. 1842）	−0. 2243 （0. 1749）
溢出效应	X^S：LFR	0. 9886 （0. 4243）	0. 1982 （0. 3005）	0. 0722 （0. 2169）	0. 6843 （0. 2850）
	X^S：REXP	−0. 4411 （0. 1237）	−0. 3940 （0. 1267）	−0. 2873 （0. 0887）	−0. 5425 （0. 0751）
虚拟变量	$\text{Dummy}_{\text{region}}$	0. 1205 （0. 0538）	NA	0. 0554 （0. 0397）	NA
常数项	C	10. 8007 （2. 4001）	70. 542 （1. 0510）	7. 0445 （0. 9936）	12. 3984 （1. 8335）
拟合度（R^2）		0. 9745	0. 9703	0. 9579	0. 9730
Wald 检验		$Chi^2(9) = 467. 85$ $Prob>Chi^2 = 0. 0$	$Chi^2(9) = 361. 28$ $Prob>Chi^2 = 0. 0$	$Chi^2(9) = 432. 82$ $Prob>Chi^2 = 0. 0$	$Chi^2(9) = 295. 43$ $Prob>Chi^2 = 0. 0$
样本数（组数）		7（10）	42（6）	84（12）	21（3）

（三）高等教育财政支出产出对经济增长、收入分层的影响

Coleman[1]、Odden[2] Anderson 和 Brown[3]、Frechtling[4] 从不同层面探讨教育活动的效率，研究了教育生产率的含义、特征与影响因素。为分析高

---

[1]　James S. Coleman, *Equality of Education Opportunity*, OE‐38001& OE‐38001 Supplement, Washington DC：US Government Printing Office, 1966.

[2]　E. R. Odden, P. Wohlstetter, "Making School‐Based Management Work", *Educational Leadership Journal of the Department of Supervision & Curriculum Development N. e. a*, Vol. 52, No. 5, 1995.

[3]　B. T. Anderson, C. L. Brown, J. Lopez‐Ferrao, "Systemic Reform：Good Educational Practice with Positive Impacts and Unresolved Problems and Issues", *Review of Policy Research*, Vol. 20, No. 4, 2003.

[4]　J. Frechtling, "Evaluating Systemic Educational Reform：Facing the Methodological, Practical, and Political Challenges", *Arts Education Policy Review*, Vol. 101, No. 101, 2000.

等教育财政支出产出是否会影响区域经济，是否会干扰收入分层，这里对高等教育全要素生产率、高等教育财政支出增加值、经济增长水平、收入分层对高等教育财政支出产出的敏感性展开实证计算，结果如表 2-16 所示。

表 2-16　　　高等教育财政支出产出对经济增长、收入分层的影响

变量	高等教育全要素生产率对高等教育财政支出产出的敏感性（因变量：TFP）	高等教育财政支出增加值对高等教育财政支出产出的敏感性（因变量：HS）	经济增长水平对高等教育财政支出产出的敏感性（因变量：GDP）	收入分层对高等教育财政支出产出的敏感性（因变量：GINI）
lnY	0.6361（0.0999）			
Y		0.3225（0.1389）	0.5105（0.3227）	-0.0008（0.0003）
Y²		-0.8414（0.8099）	1.1106（0.1882）	0.0363（0.0197）
lnEL	0.2047（0.1072）			
lnEK	0.2014（0.0203）			
常数项	3.4589（0.3494）		0.3014（0.1169）	0.4035（0.0123）
R²	0.9107	0.0942	0.7566	0.0285

　　注：TFP 代表高等教育全要素生产率，EL 代表各省份高等教育人力投入，EK 代表各省份高等教育固定资产总值，区域高等教育全要素生产率经由软件 WINDEAP 测算而来。

　　就高等教育全要素生产率来看，高等教育财政支出产出的系数为 0.6361，表明高等教育财政支出产出每增加 10%，高等教育全要素生产率会增加约 6%，就高等教育财政支出增加值来看，一次项系数为 0.3225，二次项系数为负数，表明高等教育财政支出产出呈现一定的规模报酬递增效应，但不是特别显著，反映高等教育财政支出每增加 10%，高等教育财政支出产出会增加约 3%，从经济增长水平来看，高等教育财政支出每增加 1%，经济增长水平能够提高 5% 左右，从收入分层来看，高等教育财政支出每增加 1%，会引起收入分层略微下降，基尼系数减少，收入分配会趋于合理。总之，高等教育财政支出产出对全要素生产率、高等教育财政支出、经济增长皆有显著推动作用，对收入分层也有一定正面作用，但与前三者相比有所滑落，这可能同我国现今的经济社会发展阶段相关联，地方政府更多地还是关注

经济总量的增加，对高等教育也只着眼于经济方面的作用，而不甚关注收入分配的合理化。

六 研究结论和政策含义

研究拓展了 Jorge 等人关于政府教育投入与经济增长、收入分配的分析框架，并运用 2007—2013 年的省级面板数据来验证区域高等教育财政支出产出的决定因素，研究结果显示，第一，区域高等教育财政支出产出由高等教育财政支出规模与效率共同决定。高等教育财政支出规模与地方政府努力程度、高等教育既有规模等因素正相关，依赖于区域的高等教育财政支出基础，如高等教育财政支出额度、高等教育财政支出存量等，而高等教育财政支出效率更多地取决于区域的特定因素，涵盖高等教育财政支出的集群环境、经济收入关联的质量、对外部高等教育财政支出溢出的吸收强度，尤其关键的是高等教育财政支出集群与外部高等教育财政支出溢出的作用。第二，东部地区不但高等教育财政支出规模大，更有优异的集群环境——高等教育基础雄厚、高等教育集聚度高、经济和收入分层关联关系的存在及良好的外部高等教育财政支出溢入渠道——发达的经济、丰厚的回报、对人才的吸引，高等教育财政支出效率明显高于中部、西部和东北地区，在各种要素的共同作用下，引发高等教育财政支出产出的集中，造成高等教育财政支出产出的区域差异。第三，高等教育财政支出产出对区域高等教育全要素生产率、高等教育财政支出、经济增长有着显著的推动效用，对区域收入分层也有一定积极效用，高等教育财政支出产出的区域差异会拉大区域间经济增长水平的差距，会拉大区域间高等教育财政支出的差距，会拉大区域间收入分配的差距。不利于区域的协调发展。

相应引出如下政策含义，第一，注重高等教育财政支出相关要素的投入，但更要关注高等教育财政支出的微观环境。国家与地方政府自改革开放一开始就十分关切高等教育支出，制订与施行教育发展的"五年计划"与中长期发展规划，高等教育财政支出是高等教育发展的必要条件，但是高等教育财政支出效率有赖于微观因素，政府在制定高等教育发展规划之时，要将这些微观因素也纳入考量范围，予以充分关注。第二，加强高等教育财政支出集群环境的打造。通过高等教育财政支出的集聚、区域高等教育结构的优化、高等教育资源的共享等措施，推动高等教育和经济的融合，尤其是中西部和东北地区，以高等教育财政支出集群促进高等教育发展、以高等教育财政支出集群推动产出增加，是协调区域间高等教育发展差距的重要措施。第三，加强与经济增长、收入分层的联系，消除扰动高等教育财政支出产出的薄弱领域。国家在扶持高等教育的软件与硬件设施时，适当向中部、西部和东北地区倾斜，加强高等教育发展的扩散效应，推动欠发达地区的高等教育发展。第四，在加强对外高等教育学习与交流的同时，通过人员、资金的流动，发挥区域间高等教育财政支出的溢出作用。经由完善高等教育财政制度，推动高等教育资源在高校、科研机构、企业与区域间的合理流动，提升高等教育财政支出的产出效率。

第三章

高等教育财政支出地理区域
投入战略与政策建议

第一节　国家层面高等教育财政
支出地理区域投入战略

一　中央高等教育财政支出地理区域配置优化战略

（一）地理区域配置优化的原则

在中央高等教育财政支出地理区域配置优化之中，首先要明确配置优化的原则，再来推动中央高等教育财政支出地理区域配置的合理化，中央高等教育财政支出地理区域配置优化的基本原则如下。

1. 充足性原则

资金充足的情况下，高等教育才能得到更好的发展，这亦为丰富高等教育资源的必要前提。各国多用政府投入到高等教育上的费用占国内生产总值的比例、政府财政预算中投入到高等教育的资金规模来评判高等教育经费充足与否，但各国经济发展水平千差万别，各国高等教育经费在国内生产总值中的占比、高等教育财政支出规模也各有不同。

2. 公平性原则

中央高等教育财政支出地理区域配置中的公平主要指各地在高等教育资源获取上的公平，有相同的参与高等教育资源分配的机会，要有相同的资源配置成效，对各地的发展前景有着均等的影响，不会有显著差别。

3. 效率性原则

在一定的社会经济条件下，为获取同样的高等教育投入效果，使用的高等教育资源越少，高等教育资源的使用效率就越高。当然，高等教育投入效果有科研、教学、社会服务、学生素质等多方面，可以采用加权综合的方式来评价高等教育资源的使用效率。

4. 规范性原则

高等教育资源配置规范要求高等教育在划拨经费时规范化操作，规范化监督管理。高等教育财政资金在分配时要有科学的实施细则，有严厉的责任追究制度，避免高等教育资源分配时的暗箱操作。

（二）地理区域配置优化的思路

1. 加大高等教育财政支出的地理区域投入力度

在财政资金分配时要依法确保高等教育经费的增长需求，把高等教育真正置于国民经济发展中的优先地位，确保生均预算内高等教育事业费逐年提高，生均高等教育公用经费与教师工资逐年提高，实现资源优化配置。推动施行教育经费预算单列，调整高等教育经费的预算方式，由高等教育主管部门统一调配资金，实现高等教育经费事权与财权的对等，确保高等教育的充足投入，确保财政投入与高等教育发展的步调一致。

2. 多渠道筹措高等教育经费

可采用发行高等教育专项国债，并要求地方提供相应配套资金，通过国债所筹措的资金用项目的方式投入于高等教育，对国债收益进行明示，确保投资者权益，加强对国债资金的监管，保障国债资金的使用效益。还可为高等教育提供财政贴息贷款，政府已经向贫困学生学费提供财政贴息贷款，以实现高等教育机会均等；还可进一步向高校提供财政贴息贷款，为高校采购软硬件设施提供财政贴息贷款等，压缩高校建设周期，让高校建设资金早日发光发热。

3. 对各地理区域抽肥补瘦

中央财政在对高等教育投入时要综合考量各地高等教育的实际需

求，施行差别投入。由于各地理区域经济发展水平不一，省域经济实力有别，中央需要因地制宜地安排对各地高等教育的投入，像青海、西藏、宁夏、贵州等省由于自然条件的束缚，经济不够发达，省级政府及社会的高等教育资金负担能力不强，为推动这些地理区域高等教育发展，中央应增加对这些地理区域的高等教育投入；而像北京、上海、广东、江苏、浙江等地区，经济较为发达，省级政府及社会的高等教育资金负担能力较强，中央可适度缩减对这些地理区域的高等教育投入，对经济处于中位数的地理区域，则依照当地政府及社会的高等教育资金负担能力，考量当地高等教育的实际需要展开有规划的投入，以优化中央高等教育财政支出地理区域布局。

4. 转移支付弥补经济落后省份高等教育投入的效率损失

中央要从全国高等教育发展的大局出发，加大对经济落后省份的转移支付力度，以对此类地理区域的人才培养成本进行弥补，此类地理区域则要立足本省，注重发展本地理区域的经济，以确保本地理区域能为高校毕业生提供充足的就业岗位，为高校毕业生提供良好的就业环境、向上的职业发展空间，来减少本地理区域人才的流失。上下结合的举措才能减少孔雀东南飞对经济落后省份高等教育投入的负面影响。

（三）空间组织型的优化模型

中央高等教育财政支出的地理区域配置有着显著的区域特质，影响高等教育支出的因素有经济因素、政治因素、历史因素等，区域的地理因素也会影响高等教育支出，地理环境对人类生存与发展有着重要影响，对高等教育有着直接影响，交通的便捷性也会影响高等教育的发展。对中央高等教育支出地理区域空间布局发生作用的有区域的自然地理条件、区位因素。从地理经济学的视角来看，气候、水文、地形、土壤等自然地理条件会对区域经济社会的发展速率、品质与规模发生一定影响，引发地理区域间经济社会发展的失衡，在地理区域上出现高等教育核心区与高等教育边缘区，过多的人力、物力、资本资源向高等教育核心区聚集，形成高等教育"发展极"，高等教育边缘区则发生人力、物力、资本资源不断稀释，造成自然条件不好的边缘区域和自然条件较优的发达地区高等教育发展失衡，从而扰动地理区域高等教育空间布局。地理区域高等教育均衡发展是地理区域均衡发展的要求，地理区域高等教育空间布局的合理化是地理区域高等教育均衡发展的关键，在高等教育发展的社会资源有限的条件下，中央高等教育财政支出地理区域配置时要尽力扭转高等教育发展的极化现象，实现高等教育发展的扩散化，实现高等教育核心区向高等教育边缘区的扩散，实现在一定条件下，以最少的高等教育财政支出，获得最多的高等教育产出，也就是要提升中央高等教育财政支出地理区域配置效率。中央高等教育财政支出地理区域优化配置时，一可以从距离因子上考量，新经济地理学中，有距离衰退理论，认为要素间的关联关系与距离相关，在同等条件下，要素间的作用关联与距离的平方成反比，地理区域离政治、经济、文化中心越近，中央高等教育财政支出配置的就越多，地理区域离政治、经济、文化中心越远，中央高等教育财政支出配置的就越少，按照距离衰退理论，中央高等教育财政支出在地理区域中的照拂作用是有范围限度的，这就需要中央高等教育财政支出合理部署空间布局，以提升中央高等教育财政支出对于地理区域经济社会发展的照拂能力。二可以从位置因子上考量，地理区域的位置涵盖数理地理位置、政治地理位置、经济地理位置、自然地理位置等，地理区域位置主要通过政治地理位置、经济地理位置、自然地理位置对中央高等教育财政支出空间布局发生扰动，因此中央高等教育财政支出区域配置时要考量自然地理因素，也要考量经济地理因素、政治地理因素，如对西藏、新疆的高等教育，中央高等教育财政支出配置时需要较多地考量政治地理因素。三可以从交通条件因子上考量，交通条件主要看某一地理区域同区域外的人员与物资流动的便捷程度，交通条件会影响地理区域高等教育的发展，中央高等教育财政支出在地理区域间配置可以从远程高等教育信息网络平台的建设上着手，减少不利的交通条件对高等教育发展的阻碍。

二　东、中、西与东北地区高等教育财政支出投入战略

作为高等教育财政支出投入战略区，东、中、西与东北地区高等教育财政支出投入战略不仅要展现梯次性，还要发挥各地理区域的优势与特色，推动中西部地理区域经济协调发展，社会成员收入跨越式发展。

（一）财政支持东部地区高等教育先行发展

增扩省级政府高等教育发展的统筹权限，激励东部地区成为高等教育发展的"领头羊"，打造若干高等教育强省、强市，建成世界一流大学与一流学科，为全国高等教育发展做光辉典范。

（二）财政扶助东北地区高等教育资源共享

财政在对东北地区进行高等教育投入时，要做统筹安排部署，资源配置要突破地理行政区划的制约，增进高等教育财政投入的规模效益，在东北地区建构高等教育合作交流平台，展开教学与科研的互利互惠的合作，实现优势互补，东北地区各省的高等教育优质资源有别，经由推动各省优质高等教育资源的共同分享，增强优质高等教育资源的社会影响力，东北三省可搭建跨省高校教师培训中心，在教师的进修与交流上展开互动。

（三）财政助力中部地区高等教育崛起

由于地理、政治与历史等因素，中部地区经济总体发展水准不是很高，知识经济中的地理区域发展对科技创新、人力资本的要求日益增高，日益依赖高等教育的有效供给，要贯彻落实中部崛起，推动地理区域经济均衡发展，首先要实现高等教育的中部崛起，中部地区受高等教育的人口规模高，省级财政对高等教育的支持疲沓，造成地理区域高等教育竞争力不高，需要加大对中部地区高等教育竞争力弱的省域的财政支持，增加对地方性高校的财政支出，从财税政策、管理机制与制度环境上导引社会资金以合作、捐赠、办学等形式投入高等教育。

（四）财政倾斜于西部高等教育质量改善

西部地区的高等教育财政支出应重点用于改善高等教育品质上，并把高等教育发展目标与地区发展战略相融合，大力培育西部地区需要的、留得住的各类人才，重点支持一批西部地区高校加快发展，为确保西部地区高等教育品质，服务西部地区发展，构建高等教育监督机制，在高等教育系统内，设置专家评估小组，对各高校、各专业学科开展定期的评估考察，评估结果向社会公开，从而推动高校和学科品质的提升，推动西部地区经济、社会、高等教育发展，推动支援西部地区招生合作计划，促进地理区域高等教育包容发展，实现入学机会均等化，提升西部地区高等教育的入学率，推动西部地区高等教育公平发展。激励高校毕业生到西部地区安家、创业、就业。为留得住人才，实施有吸引力的人才政策，打造有利于人才发展的制度环境，设置西部人才基金，为人才的生活、工作、创新创业提供有力支持。

（五）大力施行东部高校对口支援西部高校计划

创新东部高校对口支援西部高校的工作模式，激励东西部高校间联合展开科学研究工作，联合开展人才培养活动，共同建设高等教育教学资源与科研资源的信息共享平台，定期分批地选派西部高校专职教师、行政管理人员与科研技术人员到东部高校深造进修，提高西部高校的师资建设水平、人才培养品质、科研服务能力、高校管理水准。

三 高等教育聚集区"发展极"高等教育财政支出投入战略

（一）财政支持"发展极"争创双一流

北京、上海、南京等地高等教育发展较快，呈现明显的高等教育聚集区"发展极"，但与世界一流大学、一流学科还有一定距离，需支持学科建设，更要支持学科建设中的人才培养与科学研究。在人才培养中，要拓宽一级学科基础，紧跟学科前沿，施行跨学科联合培养，开拓学生理论视野，提高科学研究创新能力，培育复合型人才。在科学研究中，要支持国家重点实验室的建设，推动学科的纵深发展，支持创设新型研究中心，推动学科重组、学科凝聚，支持学科群建设，推动带头学科、支持学科与相关学科的共同发展，支持高校与科研院所的联合，实现资源共享、协调发展，提高重大科研技术发展能力。

（二）财政支持"发展极"先进带动后进

为实现高等教育聚集区"发展极"对周围地区高等教育的带动作用，可通过财政推动"发展极"与周边地区的资源整合、优势互补，"发展极"与周边地区在招生、合作办学、人才培养、人才流动、就业等方面施行对接，推动"发展极"高等教育资源向周边地区的流动、辐射与共享。在合作办学上，可通过院系合办的方式共同打造优势特色学科。在人才流动上，"发展极"可以经由接收访问学者的方式为周边地区培养师资力量，共享"发展极"优质高等教育资源。在人才培养上，"发展极"与周边地区可设置跨校课程互选、学分互认转换的机制，通过"发展极"与周边地区高校间的合作实现优质课程共享、师资力量共用。

四　老少边穷与基层地区高等教育财政支出投入战略

老少边穷和基层地区作为高等教育后进区，没有高等教育聚集区"发展极"的高等教育资源优势，人口不多，经济也不够发达，高等教育财政支出投入时，有三种择取方式。

（1）毗邻经济发达地区的老少边穷和基层地区，条件许可的，可在财政支持下新设一所综合性地方专科院校，面向地方社会经济发展，结合地方经济社会发展的实际问题择取科研课题，组织科技创新，推动科技成果的转化与应用，推动地方经济的进步。

（2）经济不发达地区的老少边穷和基层地区，可采用筑巢引凤的方式同地理位置接近的本科高校联合办学，在本地设置其分校，培养同本地功能定位、产业结构整合所急需的人才。

（3）财政支持老少边穷和基层地区把原有师范专科学校扩建成综合性的地方专科院校，确保一个地市至少有一个综合性地方高等专科院校，为地方培养应用型人才、技能型人才，积极主动地适应地方经济社会发展对人才的需要。

第二节　区域层面高等教育财政支出地理区域投入策略

一　政治经济类型区高等教育财政支出投入战略

政治因素、经济因素影响着高等教育财政支出，政治因素指政府扰动社会、微观经济主体的政治手段与政治财富。在社会主义市场经济下，政治干预对高等教育的发展有显著影响，政治能够成为高等教育财政支出的中坚影响因子，主要缘于政府控制着太多的资源、机会，如招生指标、学科评审、机构设置、用人权、毕业证的发放，极大地扰动着高等教育财政支出，影响着高等教育发展的行业环境、竞争氛围。

经济因素影响着高等教育财政投入，影响着高等教育发展的规模与速率，此乃缘于经济决定高等教育的供给与需求，高等教育的发展受限于高等教育的供给与需求，高等教育需求是一定时期内经济社会对高等教育培养的人力资本的品质、规模、结构的需求，就微观经济个体而言，高等教育需求是微观经济个体从精神层面和物质层面产生的对享受高等教育的需求。微观经济个体对高等教育的需求受各种因素的影响，但最本质的因素为经济因素，经济社会发展水平越高，对高等教育的需求就越大，高等教育发展受高等教育需求的影响，但会受限于高等教育的供给水平，社会有能力为高等教育供应资源为高等教育发展的前提。高等教育的发展，离不开教育投入的物质基础，经济发展水平决定着高等教育投入，若无充足的高等教育投入，高等教育是无法可持续发展的，高等教育发展的规模与速率皆决定于经济发展水平与可投资于高等教育的资源规模。经济因素还影响着高等教育的培养目标、培养内容与方式。高等教育要为经济社会发展培育专门人才，人才培养目标、培养内容需要从区域经济社会的实际需要出发，要求高等教育培育的人才顺应经济社会发展的需求，不仅要培育能参与区域新兴产业发展的专业人才，还要培育出区域传统生产部门需要的人才。区域高等教育的人才培养目标与培养内容要能如实反映区域国民经济结构发展的需要。

我国各地理区域的权力资源分配不均，权力资源高度聚集于北京，在各地区间呈现出北京多于其他省、省多于省会城市、省会城市多于地级城市、地级城市多于县级城市的特质。权力资源配置的地域级别差距直接造成政治资源在各地域的分布差别，北京、上海、天津、浙江、广东、江苏等省、直辖市拥有较多的政治资源，而宁夏、西藏、贵州等省份拥有较少的政治资源，政治资源的不均衡又引发经济发展的不均衡。

因此政治、经济在各区域的不均衡，首先要解决政治资源的均衡分布问题。

要落实公平正义。政治资源是政治现代化的必备前提，政治发展要消费政治资源并在消费中发展壮大政治资源，此为政治资源良性发展的过程。政治资源的配置状况影响着政治的稳定性，还会扰动政治形态。不同的政治发展阶段需要相对应的政治资源配置方式，这些政治资源配置方式要能够体现公平正义。政治资源的公平配置关联着政治体系的运行成效，关联着政治稳定与制度演变。政治资源的配置方式有计划方式与市场方式，需要从法律与组织的视角探讨配置方式的优劣，审视其落实公平正义理念与否。

要设计科学合理的制度。政治资源配置均衡与否首先取决于政治资源配置的制度设计。政治资源配置模式涉及物质性政治资源配置的制度设计与精神性政治资源配置的制度设计。科学的制度设计有利于政治资源配置的均衡，物质性政治资源配置的制度设计反映了政治价值的现实眷注，精神性政治资源配置的制度设计显现了政治价值的伦理取向，综合考量政治资源配置中的"经济人"寻租、路径因循、信息失灵、制度短板等问题，合理开发利用政治资源，推动政治资源配置的公平、公正、透明、高效。

构建公民社会。政治资源公平分配是现代民主社会制度建构的前提基础，有利于推进民主社会，夯实民主社会的基石，落实公民权，确保公民拥有平等的政治地位，防范社会分层分等，保障公民参与民主决策，完善民主制度。在公民社会的建构中，市场经济的资源配置涉及经济资源、社会资源，还涉及政治资源、权力资源，公民作为政治生活主体，其政治职责就是要实现个体与社会关系的均衡，实现个体利益与公共利益的均衡。公民社会的构建中，政治系统是一个开放的系统，始终处于系统和环境交互的动态均衡中。在经济政治一元化的作用下，公民社会中的政治、经济因素的复杂融汇，引致社会的必要转型。

政治资源的公平配置是高等教育财政支出的主要因素，要处理好政治资源的预算均衡，增进社会的认同，此为公民社会的诉求。高等教育事业需要更多的"政治人"，不断提升社会和个体的政治兴趣，拥有充沛的政治人力资源，以加速高等教育发展。市场资源的配置方式也可应用于政治资源，同样要设定权利、义务。包容社会的政治资源配置合理公正，要优化核心的制度资源，改进基础的财政资源，升华意识形态。但政治资源毕竟是有限的，难以实现绝对的完全的公平分配。

政治经济"双强"的区域，既要为高等教育发展投入应尽之力，努力建设世界一流大学与学科，还要力争区域收入分层合理化发展。

政治强经济弱的区域，关键乃利用政治优势攫取更多中央高等教育财政支出，把政治优势转变为高等教育发展能力，力争合理的收入分层。

政治弱经济强的区域，关键乃利用经济优势补足高等教育投入，提高区域高等教育发展能力，进而推动收入分层合理化。

政治经济"双弱"的区域，需要采取跟随策略，与高等教育强的地区高校展开合作办学，资源共享，从而带动本地高等教育发展，为本地培养经济社会发展所需的人才，推动收入分层的合理化。

二 长江经济带等经济区高等教育财政支出投入战略

（一）"一带一路"高等教育财政支出投入战略

"一带一路"是"新丝绸之路经济带""21世纪海上丝绸之路"的简称，"一带一路"既是对高等教育的检验，也为高等教育的改革开放提供了珍贵的发展机遇。为推动高等教育为"一带一路"的建设添砖加瓦，财政要大力支持高等教育的世纪大发展。

1. 财政支持高等教育练好内功

"一带一路"的人才培养，需要高校重新审视已有人才培养方案，依照"一带一路"的发展需要革新课程教学领域，推动人才培养的跨校、跨学科、跨区域平台建设，各高校依照各自优势，在管理、经济、工程、人文等学科专业展开联合培养，在各高校间实现学分的互认，以顺应"一带一路"倡议对国际化专业人才的需要。为培育"一带一路"倡议所需要的复合型人才，要对各专业学科加以融合交错，打破现有学科分类，协整文学、语言、经济、宗教、地理、历史、政治及理工农医等学科专业，打造"一带一路"跨专业学科，培养"一带一路"所需复合型人才的多视角，开发"外语+X"的复合型人才培养模式，以体制机制创新推动培养各类复合型人才。整合人才培养的课程内容，在中国文化、汉语教学的基础上，增加"一带一路"倡议的背景、核心、协作机制、施行标准及"一带一路"沿线国家历史文化、民族宗教、社会经济等内容，把"一带一路"相关内容融合于各专业学科的课程教学内容中。

2. 财政支持高等教育走出去

"一带一路"沿线国家有着不同的社会发展模式、历史文化传统，要真正培养出"一带一路"倡议所需人才，就需要派遣留学生、访问学者去"一带一路"沿线国家工作、生活与学习，才能深入体察当地的风土人情、社情民意，更好地服从服务于"一带一路"倡议。财政要支持国内学生到"一带一路"沿线国家、国际组织留学、实习、实践，从而使培养的人才能够更好地参与"一带一路"建设，熟悉国际组织的运作规则，实现专业成长。

"一带一路"倡议还为我国高校"走出去"开展海外办学提供了千载难逢的历史机遇。高校可利用我国高等教育的各种资源，发展境外办学，在"一带一路"沿线国家共建高校或设立分校，与国外高校合作授予学生双重学位，传扬中国文化，增进中国高校的国际影响力，设置"中国学"等培养项目，重点与"一带一路"沿线国家的政府高官、社会精英、媒体智库等进行交流互通，增进"一带一路"沿线国家精英阶层对"一带一路"倡议的认可，培育对中国国情、中国问题熟悉，能够在政治、文化、经济、社会等方面同中国展开交流合作的领袖型、复合型、专业型知华友华外国精英力量。

3. 财政支持产学研合作

"一带一路"建设的重点有基础设施联通、资金融通、贸易畅通，这些领域的发展需要相关人才，人才的培养需要工业、商业、商会、行业协会和高校紧密协作。置身于"一带一路"倡议建设前线的产业界最了解沿线国家的经济社会发展需要及需求的人才规格，加强产业界与高等教育间的合作，需要产业界快捷地向高校通报人才需求情报，也需要高校积极和产业界合作设置人才培养标准，共建人才培养项目，一道培育相关专业人才。

4. 财政支持高等教育引进来

来华留学生规模快速增长。2014 年，37.7 万名外国留学人员在我国的高校进修深造，从规模看，占世界留学生的 8%，我国成为世界第 3 大留学生输入国。"一带一路"沿线国家有着庞大的来华留学进修的需求。我国现有高校 2879 所（2016），有招生留学生资质的高校只占不到 1/3，输入外国留学生有着巨大的发展潜力。《推动共建丝绸之路经济带和 21 世纪海上丝绸之路的愿景与行动》中我国提出每年向"一带一路"沿线国家提供 1 万个政府奖学金名额，我国高校要抓住机遇扩大留学生招收规模，高校还要持续开发和供给高等教育服务与产品，经由外文讲授、专业教育、学历教育等方式顺应"一带一路"沿线国家的学生进修需要，推动外国来华留学人数增加、品质提高。

(二) 长江经济带高等教育财政支出投入战略

长江经济带是中国实施的新区域开放战略，横跨东、中、西三大区域，分属长江的上游、中游和下游，包括上海、江苏、浙江、安徽、江西、湖北、湖南、四川、重庆、云南、贵州等 11 个省市。长江经济带各省市高等教育发展差距较大。要推动长江经济带高等教育均衡发展，为长江经济带战略的落实提供人才支持、科技支持。

1. 恰当调配高等教育财政投入结构

上海、江苏、浙江、湖北、湖南、四川等六省高等教育投入规模较高，但是由于学生规模众多，高等教育人力、物力投入相对学生规模较低；江西、安徽高等教育财政投入规模低，但学生规模相对少一些，高等教育人力、物力投入相对学生规模较好；重庆、贵州、云南的高等教育财政投入规模低，高等教育人力、物力投入相对学生规模也较低，因此要根据各省市人力、物力、财力投入情况进行相应调整，推动各省市高等教育的包容性发展。

2. 合理培养高等教育人才

高等教育要根据长江经济带各区域的产业特质与地理区位优势，打造校企合作体系，为各区域培育规模适度、专业对口、能力相衬的职业技术人才，各区域的产业转型也要依托高等教育的专业学科优势，经由一道承担科技研发项目、专业互动、师资共享等方式，增进校企合作、校校合作，共享科研成果、共用优质资源，推动各区域产业聚集规模化发展。

3. 多手段吸引人才聚集

创业平台、创业基地为人才创新创业的重要介质，创业人才商业模式不同于传统产业商业模式，还没有发展成熟的模式，打造创业平台、创业基地，推动创新创业人才的有效聚集，合理配置。创业金融平台为城市创业环境的关键要素，是长江经济带城市创业环境建设的核心内容，创业金融条件及氛围是长江经济带城市创业生态的阻碍，因此要大力建设创业金融平台，吸引人才创新创业。科技服务、人才公共服务是创新创业人才聚集与有效配置的重要因素，也是城市创业环境优化的有机构成，为人才创新创业供给开放、高效的科技服务，提供教育培训、测评诊断、创业帮扶、管理商榷、信息问询等人才公共服务，为人才创新创业做好后勤工作，解除人才创新创业的后顾之忧。

（三）京津冀协同发展高等教育财政支出投入策略

1. 改善高等教育互惠合作的制度环境

京津冀协同发展中，高等教育也亟待协同发展，但欠缺正式的制度规范。高等教育协同发展，需重新对政府、高校、企业、社会其他主体的职能、运作方式、资源配置、利益分配等作出定位。高等教育协同发展，需要在京津冀一体化发展中突破现有体制阻碍，对区域高等教育发展作出统一部署安排。因此，要在法律上给出京津冀高等教育发展的正式制度规范，开展面向京津冀一体化的统一的人事制度、医疗制度、劳动就业制度改革，为京津冀高等教育资源的自由流动，为京津冀高等教育互惠合作供给优异的制度氛围。

2. 明确高等教育在京津冀协同发展中的职责

京津冀协同发展改变了高等教育的制度环境，调整了高校的功能定位、价值取向、发展路径，客观明确了高校在京津冀协同发展中的职责。高等教育与京津冀是一体的，需要把高等教育、政府与京津冀经济社会其他主体的要求、目标、资源加以整合，顺应高等教育与京津冀协同发展的制度环境，构建高等教育与京津冀协同发展的有机共同体。京津冀协同发展中，要与高等教育在人才培养、就业、产学研、大学科技产业园、合作办学上互惠共生，营造出京津冀协同发展中高等教育前行的良好氛围与环境。北京高等教育拥有较多优质资源，应花大力气办好一流研究型大学。天津高校在多次调整布局之后，已构建了多个高校聚集区，可把工程中心、国家重点实验室、科技成果转化基地、重大攻关项目等移转至天津，纾缓北京的发展压力。河北省则要主动打造有利环境，承揽北京高校整体搬迁或设立北京高校的分校、分支机构，办好应用型高等职业教育。京津冀经由高等教育资源的分层配置，构建起合理有序、资源共享的高等教育发展体系。

3. 扩张京津冀协同发展中高等教育的有效合作领域

在京津冀协同发展中构建高等教育合作的协调工作机制，定期举办高等教育合作发展交流会，加强人才交流服务，密切人才培养合作，设置高校管理层交流挂职制度，高校学生交互访学制度，设立分校或独立院校，共同申报科研项目，联合推广科研成果的应用，组团申报国家重点实验室，积极参与"京津冀高等教育综合改革试验区"，打造资源信息网络共享平台，推进产学研合作、对外交流，不断拓宽合作领域，实现优质资源共建共享，互利共赢，共同发展。

4. 建设高校学科群服务京津冀协同发展

以高校学科群建设项目为平台，有效提升高校学科建设水准，带动京津冀的地方高校学科发展，在学科群建设中索求科学有效的协作机制，实现京津冀协同发展中高等教育的相得益彰，一道进步，围绕京津冀协同发展规划，在区域经济、新能源、循环经济、资源环境、文化创意产业等方面整合学科力量，共享教学科研资源，谋求构建长期合作交流机制，推动高等教育为京津冀协同发展助一臂之力，为京津冀协同发展寻求低能耗、少污染、高技术的新兴产业增长点。

三 中心城市高等教育财政支出投入带动战略

Christaller 提出了中心城市理论（Central Place Theory），探讨一定区域内的城市等级、城市规模、城市职能及城市空间结构，认为城市处于区域的中心点，是周遭区域的"中心地"，城市之所以存在，源于城市对地方产品的收集、运送，及向周遭区域的居民供给所需的物质与服务。城市的等级和规模取决于市场、交通、行政等因素[①]。

依照中心城市理论，城市为区域的重要构成，为区域经济社会活

---

① Christaller Walter, *Die Zentralen Orte in Süddeutschland*, Jena: Gustav Fischer, 1933, p. 124.

动的集散地与聚集地。城市的形成演变皆在特定区域内进行，城市发展路径也会受限于区域总体发展架构，区域经济发展依托城市这个载体展开。从经济社会的演变而言，城市是历史的范畴，是社会生产力水平提升的产物。城市作为完整的经济社会综合体，为科技进步中心，也为社会成员政治活动、经济活动、精神活动的中心。城市是一种社会生产方式，是社会生产中所需的各种要素空间集聚地。中心城市，是区域的经济中心、政治中心、文化中心，中心城市的城市化程度对区域发展有着决定性作用，城市化、区域发展、高等教育彼此交互作用、一道发展。

高等教育作为社会文明的顶层，对交通、信息、管理等服务要求较高，城市尤其是中心城市才能为高等教育的发展提供有力支持，越是中心城市，综合实力越高，基础条件越优异，越是能够推动高等教育的进步。中心城市在高等教育发展中，要统筹部署全局、创立发展平台、提供政策支持、施以资金保障。

（一）财政支持各层次高等教育统筹协调发展

根据中心城市经济社会发展对人才层次、专业结构的需要，依照中心城市的发展规模与高校的类型，明确各类高校在中心城市发展架构中的地位与比例。对于提升城市影响力的重点高校，要加大财政投入力度，保护已有的品牌优势，争创世界一流高校和一流学科，国际一流大学的建设经验证实，国际一流大学需具备五个条件：拥有高水准的教师队伍，至少有3—5个学科拥有世界同学科中的学术领军人物，配备有3—5个具有世界领先水准的实验室，享有世界前沿的科研成果，握有若干全球性学科奖励或权利证书，构建若干科学学派，围绕学派的创建人形成攻坚最新理论与实践的研究团队，培养出一定规模与品质的高层次人才，并发展为科学研究的中坚力量。世界一流大学的建设关键要确保办学条件，按国际办学条件的标准进行创建，实验室建构标准、科研经费资助力度、顶尖人才的薪资待遇标准及学术政策等都要按国际标准来，这都需要中心城市的大力支持。对于省市共建高校或市属高校，要强化建设，激励特色化发展，创出自有特色品牌，更有效地服务地方。对于高等教育的新增长点，譬如民办高校、中外合作办学，要加强规范化管理，确保人才培养品质，还要积极支持企业、社会投资于高等教育，推动高等教育的大众化发展。

（二）财政支持人才培养、人才引进

中心城市只有在发达的高等教育系统支持下，才能有强劲的发展潜力，才能培养出高水平、高规格、上规模的人才。中心城市要有力支持高层次人才的培养与引进，对部属院校和市属院校的引进人才给予同等待遇。对高职院校的引进人才给予适当政策倾斜。同时为人才提供良好的配套条件，在居住品质、生活福利、社会保险、交通服务上花大力气，使得引进的人才留得住、愿意留。

（三）财政支持搭建校企合作平台

政府要设置校企合作平台，在高校、社会与企业间搭建沟通的桥梁，使得高校知道企业、社会需要哪些科研服务，社会、企业了解高校有哪些学科专业、能够展开何种科学研究，从而在高校、企业与社会间形成良好的交流，提升高校资源利用效益，增强高校社会服务能力。

四　边缘城市高等教育财政支出投入跟随战略

边缘城市的自然地理位置、政治地理位置、经济地理位置、交通条件等都会扰动高等教育发展。边缘城市的区位劣势，譬如交通不便、信息不畅、远离发达地区、气候等自然条件不佳等，会给边缘城市的高等教育发展带来一定阻碍，与中心城市比较而言，实力相对薄弱的边缘城市，推动高等教育发展的能力不强，软硬件都处于劣势，在人才引进上较困难，在招生上也不容易，学生通常会把读大学作为开阔视野、提升综合素养、建立社会关系的手段，通常不会把边缘城市的大学列为选择的优先对象。地理环境影响着高等教育的发展，但在经济社会发展中，伴随人类对自然的开发利用，地理环境对高等教育的不利影响可转变为有利影响，把边缘城市的区位劣势转化为区位优势。边缘城市有必要发展高等教育，也是能够发展高等教育的。边缘城市的地理位置通常位于偏远地区或远离经济文化中心区域，发展机会远远少于中心城市，但边缘城市的区位劣势并不是一成不变的，随着经济社会发展、科技进步，边缘城市的空间可达性上升，国家发展策略的调整，会使边缘城市的区域劣势转化为区位优势，譬如宁夏银川为国内文化、经济、教育较落后的边缘城市，面对国家的西部大开发战略，"一带一路"倡议，加上大量回族民众，丰富的煤炭资源，银川高等教育在西北生态退化与恢复、葡萄种植与酿酒工程技术、西夏学、回族学等学科上有着明显可见的发展优势。为让边缘城市高等教育更好更快地发展起来，财政要提供大力支持。

（一）基于空间布局推动边缘城市高等教育进步

准确把握边缘城市在高等教育财政支出空间布局中的地位，使边缘城市的高等教育财政支出符合边缘城市发展、高等教育发展的需要，使边缘城市高等教育的发展重点、发展规模、层次结构、办学特色、学科种类等，与边缘城市经济形成一种彼此促进的内在动力机制，使高等教育充分发挥其基础功效，进而推动边缘城市经济、社会、文化事业的协调发展，服务边缘城市经济，满足边缘城市社会需要，采取各种举措对边缘城市高等教育布局实施调整，促进边缘城市高等教育与当地经济社会的包容发展，实现边缘城市高等教育的特色化发展、均衡化发展。

（二）以社会资源共享推进边缘城市高等教育成长

高校和社会的资源共享，是高等教育系统与非高等教育系统间的资源共享，这对边缘城市高等教育成长与社会进步而言意义非凡。伴随边缘城市的快速发展，地方政府正快马加鞭地发展各项经济社会事业，急需大量资金，财政资金的供求矛盾显著。边缘城市发展高等教育为当地经济社会进步提供智力支持与高等教育财政投入不足的矛盾也相当显著，边缘城市高校发展的经费匮乏，可持续发展遭遇重重困难，要解决财政投入匮乏与高等教育加快发展的对立，就要突破各行其是的局面，以有限的财政资金引导社会投入，获取最佳的资源配置效益，同其他区域共同建设高等教育基础设施，共同使用基础设施，提升高等教育财政支出效益，尽可能满足社会对高等教育的需要。与此同时依仗社会环境，以教学资源共享推动高等教育革新，推进边缘区域与其他区域高等教育的一道进步。边缘城市还要实施更优厚的人才政策，以优厚的人才政策来补足边缘城市自然环境、人文环境的欠缺，从而吸引到优秀人才，还要用好引进人才，推进人才研究成果的共用共享。

（三）以高等教育非均衡发展手段加快边缘城市高等教育前进

高等教育非均衡发展手段是指对边缘城市采用增加高等教育财政投入、高等教育倾斜政策等补偿公平的方式与方法。中心城市由于经济繁荣，自身造血、输血功能远高于边缘城市，若边缘城市与中心城市采用均等的高等教育投入、均等的高等教育政策，则边缘城市与中心城市的高等教育差距会进一步拉大，只有给予边缘城市更多的财政投入、人力支持、物力支援，更多的优厚政策，边缘城市与中心城市的高等教育差距才能缩小，减小马太效应带来的对边缘城市高等教育发展的伤害，推动边缘城市高等教育的前进。

第三节　国家层面和区域层面高等教育财政支出地理区域投入战略的政策建议

一　国家层面高等教育财政支出地理区域投入战略的政策建议

（一）适当对经济落后地区采取中央高等教育财政成本补偿措施

高等教育规模扩张，高等教育财政投入不敷扩张所需，高等院校为应对规模扩张进行校园建设，引发高校债务问题，高校扩张引发的高校债务应由政府偿付，许多地区，政府替高校还债，以缓解高校债务压力。经济落后地区的高校债务，应由中央财政实施高等教育成本补偿，因为我国转移支付制度不够规范，各地区人均财政收支有很大差异，经济落后地区的地方财政无力替高校债务买单，而且由于高等教育财政支出的溢出效应，高等教育财政支出的好处主要由发达地区获得，因此，中央财政有必要为经济落后地区高校债务买单，可按经济落后地区的人均财政收入、人均财政支出为标准，考量经济落后地区高等教育资产形成的规模、担负的扩张职责、未来转移支付额度与用途，确定中央财政负担经济落后地区高等教育债务的额度。

（二）科学确定经济落后地区学生个人高等教育成本负担比例

我国高等教育成本负担过多强调受益原则，漠视能力原则，造成高等教育成本中个人负担占比增加过快、过多，财政负担占比下降过快，家庭因子女上大学而因学致贫，高校中贫困生占比上升，高校学生欠缴学费问题严重。因此经济落后地区高等教育的个人成本负担应更多考量能力原则，采取学费差别定价方式，基于其家庭收入情况来收取学费。我国作为一个发展中国家，区域间经济发展不均衡，收入也存在较大差距，在高等教育的学费制度上要考量到这方面的情况。

（三）健全国家助学制度

高等教育学费的增长加重了学生家庭的经济负担，尤其是贫困家庭的经济压力与心理负担，经济落后地区的贫困生更难以获取经济资助与其他社会资助，面临较大的学习、经济与就业重压。因此，在合理设置高等教育成本个人负担政策之时，还需健全大学生资助制度。我国对大学生的资助形式有国家奖学金、国家励志奖学金、国家助学金、师范生免费教育、国家助学贷款、勤工俭学、学费减免等，但在实施过程中存在不易界定经济困难学生、资助标准过于僵化、资助办法简单等问题。因此，要经由测度高等教育成本、预测学生家庭经济境况、学生经济资助需求、公布资助标准并及时调整，使对学生的资助更为公开、公正、规范、透明，使国家的资助资金在贫困学生中得到合理分配，切实帮助有需要的学生。

（四）建立高等教育财政支出绩效评价体系

高等教育财政支出资金使用效率不高，是高等教育财政支出不敷使用的一个重要因素，为使有限的高等教育财政资金充分发挥作用，要对高等教育资金的运用实施严格规范的绩效评价，防范高校任意挥霍财政资金。对于高校财政资金的绩效评价，不仅要关注支出的合规性、合法性、合理性方面，还要关注高校财政资金的有效性和效率性，不仅要找问题，还要查原因，提建议，评价方式上不仅要有事后评价，还要有事前评价、事中评价。通过全面的评价，推动高等教育财政资金的规范使用，提高使用效率与效益，结余资金高校可用于科研教学活动中。从而有利于激励高校学科建设，创建一流大学和一流学科。

（五）财政推动发展专业教育国际认证

随着经济的全球化，高等教育也要走国际化的道路，为提高人才培养质量，使培养的人才能够在全球化竞争中立于不败之地，需要从人才培育过程中发展专业教育国际认证，经济全球化中紧缺的工程、建筑、医学、金融、法学、会计、管理等专业人才，也是专业教育国际认证较成熟规范的领域。参与专业教育国际认证可以驱动高校依照相关领域专业教育质量的国际标准与要求实施革新，在教学上下功夫，在师资力量上花力气，构建科学规范的教学质量监管体系，推动高校教学管理水准上升，推动高校与相关学科专业特色化发展，参与专业教育国际认证还可为高校带来优秀学生，经过认证的文凭国际含金量更高，推动高等教育的良性发展。

（六）构建跨区域高等教育合作的利益补偿与激励机制

各区域都关注自身利益，把本行政区域的利益摆在第一位，其次才会关注经济区域的利益，为让区域间的合作能够良好进行，需要建构能推动各方顺畅合作的利益补偿与激励机制。在利益激励上，要认可合作各方的个体利益，经过科学有效的评价，推动各区域为实现区域个体的利益最大化而奋斗。在利益补偿上，在区域合作中设置中央对地方、区域间的利益互补政策，区域合作若是在中央或上级组织的要求下进行的，中央或上级组织就要给予一定的利益补偿，区域合作若是合作双方自发提出的，合作双方就要基于合作共赢的原则探讨利益补偿方式。我国高等教育发达地区与欠发达地区间的合作，由于优势集中于发达地区，这种合作关系就需要中央或上级组织利益补偿政策来推动，譬如政府的转移支付、税收优惠等。对于高等教育发展水平类似地区间的合作应激励地区间进行内部的自我调整。从而导引区域间高等教育合作的顺畅运转。

二　区域层面高等教育财政支出地理区域投入战略的政策建议

（一）构建区域内协同发展的高等教育财政支出模式

高等教育财政支出在中心城市、发达地区过度集中所造成的空间配置失衡会阻碍经济均衡发展。高等教育财政支出转移至边缘城市、欠发达地区会鼓励高校毕业生在边缘城市、欠发达地区生活、就业，既可纾缓中心城市、发达地区毕业生的生活压力，又可解决就业难题，还可保障边缘城市、欠发达地区发展的人才需求。区域高等教育财政支出配置可由省级政府统一协调，在省间及省内进行高等教育对接，根据不同省份的不同产业特质、省内各城市的不同产业特质对各学科进行合理调配。区域高等教育财政支出，物力资源与人力资源投入搭配不恰当、区域高等教育功能性靡费等。东部发达省份物力资源投入相对过高，固定资产闲置率高，西部落后省份教师资源冗员沉积、粥少僧多。各省份高等教育的科研、教学、社会服务彼此割裂，发达国家高等教育的科研、教学、社会服务的产出比为 3：5：2，而我国高等教育的科研、社会服务的产出比非常小。区域高等教育财政支出结构不适的原因为，高校办学自成体系，高等教育资源欠缺流动性，在教师资源、物质资源、信息资源上缺乏有效共享。因此，需要破除区域割据、高等教育同其他领域的行业隔阂，建构跨越区域的高等教育资源共享平台。

一要实现区域公共设施共享，激励区域内高校间、高校和科研机构及企业事业机构间进行合作，提升公共设施利用率。特别是在中心城市，高校、科研机构较为聚集，改变封闭的管理方式，共同分享资源。尤其是昂贵的科研仪器、教学设备，及实习场地、试验场所、图书馆、体育设施等共同享用，资源的拥有者与使用者间采用有偿服务的方式实现资源共享，并经由签订合同将合作关系规范化、明细化。通过互联网在科研院所、企事业单位间施行信息化管理，在区域内各单位间打破自成体系的管理模式，实现资源共用。

二要实现区域教师资源共享、课程资源共享。设立学分互换制度、课程认证制度，为学生提供丰富的课程资源选择，设置高校教师资格滚动认证制度，对教师施行合同聘任制，在区域内形成可流动的高校教师资源。在各省份优秀教师数目匮乏、教学科研能力不强的情况下，可采用联合教授的方式，在高校间联合聘任学有所长的教授，实现优秀教师资源的共享，既能提升教师的教学水平，也有利于提升高校的科研水平。

三要实现区域高等教育信息共享。区域高等教育的良好合作，需要各省份高等教育信息的交流分享，尤其是地区高等教育政策信息，涵盖各省份的合作纲领，实现各省份高等教育信息的充分流动，定期向社会公开信息，使各省份在高等教育合作中形成稳定的预期，增加合作的可行性。各省份通过网络、新闻媒体将本地的专业学科、师资力量、公共部门、企事业单位的研发项目需求、高校录取分数、生源分布及专业流向、学生资助及贷款信息、学生就业情况、收入水平及高校就业服务等信息公开发布，一方面可以对高等教育活动进行严格监督，另一方面可以激励各区域高等教育活动创新，提升高等教育资源的使用效率和效益。高等教育信息发布出来，接受公众监督、查询、了解、分析、评价。这样既可以废除具有地方保护主义色彩的劣质"高教土政策"，又可以鼓励不同地区高等教育相互合作、相互竞争，共同进步。

（二）财政推动区域高等教育差异化发展

不同地区经济规模不同，对人才的需求有异。这就要求各地区高等教育实行差异化的发展策略。譬如，中心城市要注重推动高等教育的高级化和普适性发展，基层地区要注重推动高等教育的实用性和特色化发展。

人才培养上，中心城市、发达地区高等教育主要培育高级产业需要的精英型、高学历劳动力，重点推动普通高等教育的发展；边缘城市、基层地区高等教育主要培育区域特色产业所需的实用型、专业型劳动力，重点推动高等职业教育的发展。

科技研发上，中心城市、发达地区有高水平的研究型高校与科研院所，高等教育主要发展共性技术、高端技术，边缘城市、基层地区高等教育主要发展区域产业技术，要加快本地高校科研成果的转换，服务于本地产业。

社会资本培育上，中心城市、发达地区高等教育要发挥政治中心、文化中心的导引功效，为国家培育高雅的精神文明氛围；边缘城市、基层地区高等教育要发挥对公民的教化功效，提升公民素养，增强公民社会人文内涵。

（三）对内开放和对外开放两手抓

区域高等教育发展中，各地区都要采取各种措施对外开放，譬如同国际一流高校合作，引进师资、教材，学生、教师互访，联合授予学位，科研合作等。经由对外开放，同国外一流高校合作，引进国外卓越高等教育资源，提升本地区高等教育资源品质，实现高等教育快速发展。

区域高等教育在对外开放之时，也要对内开放。各地区在发展高等教育之时，都在加大发展力度，以免落后，有优势的要确保发展优势，处于劣势的力求跟上先进地区高等教育，为了发展彼此竞争，为了发展也要合作。通过对内开放，各地区间优势互补，互通有无，一道进步，在合作中发展壮大，对国外高校不盲目追随，不迷信，保持自身发展的独立自主性，形成具有中国特色的高等教育。

（四）强化地方政府官员的高等教育政绩评估

加强地方政府官员的高等教育政绩观，健全高等教育政绩评估制度、激励与约束机制。构建由上级党委、高等教育督导、社会共同参与的地方政府高等教育政绩年度评估制度。对行政官员高等教育政绩的评估，在上级党委主持领导下，采取政府内部高等教育督导评估和专家评判、公众评价相融合的方式。在政绩评估中，弱化功利性、短期性的经济增长指标，强化高等教育等民生类指标，鼓励地方切实增强对高校的支持力度，使地方高校财政拨款的增长幅度和地方财政收入的增长幅度相协调。行政官员高等教育政绩评估结果要作为官员聘用与奖罚的主要依据，高等教育投入不达标的，不能保障高校教师薪资待遇的，逆反国家高等教育政策、未全面推动素质教育的官员，在升迁上采取一票否决的做法，对依法执行高等教育职责，切实做到经济社会发展规划优先部署高等教育，财政资金优先保障高等教育投入，公共资源优先满足高等教育发展需要，保障高等教育事业有序发展的，给予嘉奖。

（五）推动发展开放式的高等教育投资体制

区域高等教育发展中，可积极利用区域外高等教育资源，推动本区域高等教育跨越式发展。一要为区域外高等教育资源进入本区域打造良好适宜的氛围环境，以促进区域间高等教育的合作与交流。二要科学有序开放高等教育市场，经由在资本市场融资，集中社会闲散资金投入高等教育，鼓励上市公司或拟上市公司投资于高等教育领域，争取社会资金更多投入高等教育，设置高校基金会，经由高校基金会向社会集资，允许高校自主支配所筹措的资金，可进入资本市场，经资本增值获取更多收益，开拓高等教育财源。设置高等教育银行，推行高等教育储蓄计划，把家庭储蓄同子女接受高等教育的学费关联起来，将家庭的高等教育经费储蓄转化为高等教育投入资金。三要主动积极利用国际优质高等教育资源，采取多种形式进行国际合作办学，推动区域高等教育的国际发展，争取打造世界一流高校与一流学科，提高区域高等教育的国际影响力。

第四章

高等教育财政支出与收入
分层的案例分析

第一节　美国州际高等教育财政投入的第三种
选择——非均衡协调投入

美国州际高等教育财政投入的实践经验证明，无论州际高等教育财政均衡投入的选择，还是州际高等教育财政非均衡投入的选择，都有一定的不足，未能正确处置好公平与效率的关系。不仅保持高等教育的高效发展与适度非均衡发展，还推动各州高等教育协调发展，共同进步，美国州际高等教育财政投入的实践，展现出第三种选择的必要性与可行性，突破了州际高等教育财政均衡投入与非均衡投入的传统选择路径。

一　美国州际高等教育财政非均衡协调投入的提出

美国各州地理环境、高等教育结构特征、社会条件差异较大，不但自然资源分布失衡，而且州际高等教育财政投入水平进而高等教育发展也不够均衡。鉴于美国国情的复杂性，全面了解美国的国情，是研究美国州际高等教育财政投入问题的基本前提，更是美国州际高等教育财政非均衡协调投入选择的重要依据。

（一）美国州际高等教育财政非均衡协调投入的依据

1. 地理环境因素

地理环境因素是影响地区高等教育财政投入的重要因素，有时甚至发挥着决定性作用。美国沿海地区信息发达、交通便捷，如大西洋沿岸中部区的 New York 州、New Jersey 州、Delaware 州，处于美国经济地理的枢纽轴中心，是美国经济起步早、水平高的地区，沿岸有着众多的优良港湾，密布着各类城市，科技实力强劲，贸易、金融、航运等方面在美国居领先地位，墨西哥沿岸的 Texas 州，拥有丰富的石油天然气资源，是美国最大的原油产地，聚集着众多的石油化学企业，太平洋沿岸的 California 州，是美国西部经济发展水平最高的州，同时也是美国工农业产值最高、人口最多的州，航空和空间工业、原子能工业全美领先，电子工业、光学仪器也非常发达，蔬菜、水果生产产量相当丰富。五大湖地区物产资源富饶，作为老牌工业基地，气候温和、阳光充沛，如 Ohio 州与 Illinois 州处于美国经济地理横轴，地势坦荡，土地富饶，有着丰富的煤炭、铁等矿产资源，水运便利，位于东西陆路交通干线上，工业、农业皆很发达，重工业尤为突出。平原地区土质膏腴，农业发展精良，降水量适中，如 Kansas 州、Minnesota 州、Missouri 州、Nebraska 州，是美国最重要农业区，种植小麦、玉米、棉花、大豆，施行机械化生产，大量出口。西部地区主要是山地，地形险恶、气候不佳、交通闭塞，信息不畅，如 Vermont 州、Maine 州、Iowa 州、Utah 州主要为集中于内陆的山区、盆地区，以农业、牧业、采矿业、渔业为主，工业不发达，人口稀疏，还有许多印第安人的保留地与国家公园，不允许一般的经济开发。这种地理环境的多样性造成了美国区域高等教育财政投入的非均衡性。可以说，美国区域高等教育投入在空间布局中的非均衡性，与美国地理环境条件的多样性是交相呼应的。

2. 高等教育结构特征

美国的高校可划分为五类。第 1 类为一流的、精英型的高校，此类高校约有 50 所，涵盖 20 所可授予博士学位的研究型全国性高校，30 所收费高、录取率低、长于本科教学的文理学院。第 2 类是可授予博士学位的其他全国性高校，多为研究型高校，录取率也较低，以及收费高的其他文理学院。第 3 类是可授予部分硕士学位的教学型高校，属于地区性高校，有 500 所左右。第 4 类是以本科教学为主的地区性学院，有 300 所左右。第 5 类是以职业教育为主，授予两年制副学士学位的院校与大量社区学院。美国高校在各州的布局呈现多样性、层次性与均衡性特质，各州普遍设置社区学院与州立大学，社区学院自设置以来，由于学费不高、入学要求低、应用性强等特点发展迅猛，2014 年美国社区学院的学生数为高校在校生总数的 34.7%，2014—2015 年美国 4627 所高校中两年制学院有 1616 所①，社区学院分布于各个城市的社区，使得高校分布在地区间较为均衡，推动着美国高等教育的普及化与大众化，考量到地区分布、人口分布因素，在州内不同地区适当设置硕士授予高校，各州皆有博士授予高校或研究型高校，51 个州中有 7 个州无研究型高校，就设置 1—2 所博士授予高校，以确保高等教育布局结构的多样性、层次性、协调性。

图 4-1　2015 年美国各州高校数

3. 经济发展水平

高等教育财政投入活动作为社会活动的组成内容，存在于社会活动之中，高等教育财政投入来源于社会经济发展，经济增长为高等教育投入提供了物质支持，经济发展水平有别的地区，对高等教育的投

---

① 美国教育部全国教育统计中心网（https://nces.ed.gov）。

入在人力、物力、财力方面有着巨大差别：经济发展水平高的地区能
够培育雄厚的师资力量，打造出优美的校园环境，政府或社会有能力
加大对高等教育的投入规模，高等教育发展有着坚实的经济保障；在
经济发展水平低下的地区，无法保障基本的教学条件。无论国别，高
等教育投入的经济基础离不开社会经济的发展。州际经济发展水平的
差异是扰动美国州际高等教育财政投入空间非均衡的重要因素。如
California 州作为美国经济水平最高的州，2015 年，GDP 为美国 GDP
的 13.13%，Vermont 州经济不够发达，GDP 在美国各州中居末位，
两个州的 GDP 相差 80 倍。GDP 排前 10 的州，在美国 GDP 中占比为
55.86%，而 GDP 排末 10 位的州，在美国 GDP 中仅占 2.85%①，差
异巨大，由此影响着高等教育财政投入在各州的分布。

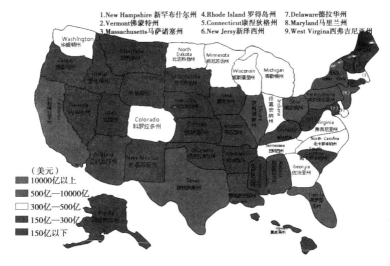

图 4-2　2015 年美国各州 GDP

4. 高等教育管理制度

美国联邦政府下设教育部，但教育部只进行一般的指导与咨询，
美国宪法把高等教育管理权力交由各州及所属高等教育管理委员会掌

---

①　美国经济统计网（http：//www.bea.gov）。

管。联邦政府无权插手各州高等教育，也不能直接管理高校，高校要接受州政府的监督与指导，州政府对高等教育施行不同方式、不同程度的控制与管理，直接影响州所属高校的规划、教学、人事制度、财政拨款等。美国高校拥有较大的办学自主权，在招生、设置课程、聘用教授、调整专业、经费开支、筹集资金上有很高的自主性与独立性，这种自主性和独立性以高校的董事会为最高领导机构与决策机构，董事会可以直接参与高校的运营管理，在董事会的授权下校长全权负责高校的日常管理活动，这种自主性与独立性激励着高校的办学能动性，使得高校面对市场与社会需求的变动及时作出调整，推动美国高校生机勃勃地发展。政府只对高校进行宏观管理，为确保高校的办学效益，美国设有中间组织对高校进行监督管理，中间组织有两种，一种是全国性的专业学科组织，对高校的专业教学水平进行评鉴或对高校的综合教学水平进行评鉴，还有一种是权威的民间学术机构，联合对高校专业学科的品质进行评鉴，推动高校教学品质的提升。

可以看到，美国州际的地理环境、经济基础、高等教育结构等皆存在一定差异，高等教育财政投入非均衡正是自然、历史、经济和文化等各种因素一道发生作用的结果。立足于美国州际差异极大的境况，只有正视州际高等教育财政投入非均衡的客观必然性，才能更合理科学地推动州际高等教育财政协调投入。

（二）美国州际高等教育财政非均衡协调投入形成的历史背景

美国作为英国殖民地时成立的哈佛学院（Harvard College）、耶鲁学院（Yale College）、威廉玛丽学院（William and Mary College）、国王学院（King's College）、皇后学院（Queen's College）、达特茅斯学院（Dartmouth College）、布朗学院（Brown College）、费城学院（College of Philadelphia）、新泽西学院（College of New Jersey），运作经费部分来自英国国王或所在州的州政府，州政府资助的金额不多，且形式多样，譬如，Virginia 州政府从毛皮税和烟草税中拨款给国王学院，Massachusetts 州政府拨付给 Harvard 学院的经费来自渡船费、过桥费，殖民地时期总共拨付给 Harvard 学院 115797.73 美元。殖民地时期的州政府都以授权学院管理一种或多种彩票的方式间接资助学院。彩票收入的 10%—15% 归学院所有，各学院从 18 种彩票中共获得 12000 英镑。殖民地时期学院的主要资金来源为市政立法的土地支持与财政拨款、市政当局的彩票特许、学生学费、私人捐赠与遗产、国内外募集的资金。但殖民地时期美国高校从政府得到的财政支持并不稳定。

美国独立之后到内战时期，由于财政资助稀疏，社会资助无序，学院的收入非常不稳定，收入来源复杂。学院为生存与发展，把获取的零散收入汇聚起来，设置教育捐赠基金，经由不断融资，获取新收入，确保学院发展。

联邦政府通过了《1862 莫雷尔法案》（ 1862 Morrill Act ），按照各州的国会议员人数，每位议员可获得联邦政府赠送的 3 万英亩土地，出售土地或土地证券的收益，设置永久性基金，用于支持至少一所赠地学院，学院设置的课程要有科学、古典学科、军事、农业、机械工艺。1887 年，美国通过了《哈奇法案》（ Hatch Act ），要求联邦政府财政资助赠地学院的农业实验站建设。根据《1890 莫雷尔法案》（ 1890 Morrill Act ），联邦政府向各州的财政拨款从 15000 美元提高到 25000 美元。1914 年，美国根据《史密斯—莱沃法案》（ Smith-Lever Act ），联邦财政拨款支持赠地学院传授农业知识、推广实用技术。1935 年，根据《班克赫德—琼斯法》（ Bankhead-Jones Act ），联邦财政扩大对农业研究及相关项目的资助范围及资助力度，推动赠地学院社区教学。各州在联邦政府的法律支持下，设置了赠地学院，有 28 个州设置了专门的赠地学院，Pennsylvania、Michigan、Maryland 等州则把土地拨付给已有的农业学院。Illinois 州设置了工业大学，后改为州立大学，还有 15 个州在已有州立大学内设立赠地学院。

第二次世界大战结束后，根据 1944 年《军人权利法案》（ G. I. Bill of Rights ），联邦政府资助"二战"退伍军人接受教育或职业培训的学费和生活费，按照 1952 年《军人权利调整法案》（ Veterans' Adjustment Act ）联邦政府资助朝鲜战争的退伍军人教育费用。依照 1966 年《军人权利再调整法案》（*Veterans Readjustment Benefits Act*）的规定，1955 年 1 月 31 日后服役超过 6 个月的美国公民，均可享受《军人权利法案》中的福利，联邦政府永久性资助退伍军人教育或职业培训费用。联邦政府的财政支持极大地推动了各州高校尤其是社区学院的发展。

冷战时期，根据《1958 国防教育法 》（*National Defense Education Act*），联邦财政支持高科技人才的培育，确保国家安全，设立国防生贷款，支持学生接受高等教育，面向研究生设立专项奖学金，激励更多研究生从事国防安全相关学科，资助高校研究生院的建设与发展，大力培育高校教师，提高教师薪资待遇。按照《1963 高等教育设施法》（*Higher Education Facilities Act*），联邦财政资助高校设施建设，为高校提供联邦补助金与贷款，资助对象有公立高校、私立高校、社区学院与技术学院，社区学院得到 22% 的资助，且各州得到资金资助不得高于 1/8。这些法律推动各州高校的发展，涌现出了一批研究型高校，如 California 州的 Stanford 大学，"二战"后获得了联邦政府的大量科研经费资助，发展成为一流的研究型高校。

依照《1963 职业教育法案》（*Vocational Education Act*），美国设置了全国社区学院顾问委员会对社区学院的职业教育进行指导，增加财政对社区学院的拨款。社区学院在财政的支持下，纷纷开设计算机、航空航天、石油化工等职业技术课程，为社会培养中高级技术与管理人才。

按照《1965 高等教育法》（*Higher Education Act*），联邦政府对高等教育实施多样化的资助，联邦教育部、国防部、原子能委员会、国家航空航天局等大量资助高校的科学研究活动，通过对高校与教师的财政拨款，为学生提供奖学金、低息贷款、勤工俭学岗位等方式，资助高校图书馆建设、教师培训、学生培育、教学设施综合利用等，还要求设置州学生激励资助项目（The State Student Incentive Grant Program，SSIG），激励各州助学金项目的设置。按照《1966 国际教育法》（*International Education Act*），联邦财政资助教师、科研人员、学生等走出国门，参与国际学术交流与交往。

美国《1972 高等教育法修正案》（*Amendments to Higher Education Act*）按照学生经济需要供给资金支持，设置联邦政府学生经济资助体系。《1978 中等收入家庭学生援助法案》（*The Middle Income Student Assistance Act*），取消了对申请担保性学生贷款（Guaranteed Student Loans，GSLs）的学生家庭收入的限制，引起学生贷款的大幅上升。

《1980 贝伊—多尔法案》（*Bayh - Dole Act*），明确联邦政府财政支持的学术研究成果所有权属于院校，高校要就科研成果申请国家专利并进行商业化运作，高校和投资者共享运作收入，收入结余部分用于高校的科研与教学活动。这个法案激励美国高校竞相设置技术转让办公室，美国高校 1980 年共取得专利 250 项，到 2014 年已发展为 5990 项专利。[①]

1994 年《美国 2000 年教育目标法》（*Goals 2000：Educate America Act*）提出，美国 2000 年高等教育的目标为，培养更多数学、科学等应用性学科的教师，培养更多数学、科学、工程学专业的高校学生，培养更多学业合格的学生，培养更多能够分析问题、解决问题的学生。

《1997 纳税人救济法》（*Taxpayer Relief Act*）以对高等教育实施税收优惠的方式安排了税收支出，希望奖学金税收抵免、终身教育税收抵免、个人退休账户的教育费用免税，通过税收减免的方式激励更多的家庭支持子女接受高等教育。

《2009 美国经济复苏和再投资法案》（*American Recovery and Rein-vestment Act*），通过对高等教育的投资，创造更多就业岗位，财政投资 308 亿美元用于高校费用，其中 170 亿美元用来补足佩尔助学金（Pell Grant），提高佩尔补助金补助力度，帮助中低收入的青年人与成年人，138 亿美元用于提高学费的税收抵免额。

《2009 学生资助和财政责任法》（*Student Aid and Fiscal Responsibility Act*）规定自 2010 年 7 月从联邦家庭教育贷款转变为联邦

---

① Science and Engineering Indicators 2016，https：//www.nsf.gov.

学生直接贷款，减少了财政补贴支出，并用节约的财政资金帮助更多学生，设立大学学业资助基金，共 30 亿美元，每年 6 亿美元，其中每年 3 亿美元用于州创新学业补助，3 亿美元中的 1 亿用于社区学院，按照消费者价格指数上浮 1% 来调整佩尔助学金。

《2010 医保与教育协调法》（Health Care and Education Reconciliation Act），对 2014 年以后的学生贷款者，每月还款额上限从收入的 15% 降到收入的 10%，2014 年以后的学生贷款者，若能连续 20 年按时偿还贷款，以后的欠款就可免除，投入更多财政经费资助社区学院、少数民族高校。《2015 学生援助权利法案》（A Student Aid Bill of Rights）提出要更多的保障学生贷款者的权利，解决学生贷款者的债务偿还问题。

《2015 美国社区学院承诺法案》（America's College Promise Act），要求美国联邦政府在未来 10 年为合格的社区学院学生提供学费，这需要联邦政府投入 797 亿美元，要求州政府拿出 25% 的配套资金，可享受免费的学生平均分数绩点要在 2.5 以上，要保证 50% 以上的上课时间，同样的政策也适用于少数民族为主的四年制高校的低收入学生。

（三）美国州际高等教育财政非均衡协调投入的含义

高等教育财政非均衡协调投入是把非均衡发展理论运用于州际高等教育财政投入布局结构整合。非均衡发展理论是由 Hirschman 对区域均衡发展理论修正而来，区域发展并不会在所有区域同时出现，但在某一区域出现之时，庞大的驱动力会使发展聚集于最初的增长点，造成区域非均衡发展。非均衡发展理论包含增长极理论、循环积累因果理论、核心—边缘区理论、梯度推进理论等理论体系。增长极理论认为，发展不会在所有区域同步进行，而是在某个增长极首先出现，这些增长极经由极化效应与扩散效应扰动着周边区域的发展，增长极的极化效应是增长极对周边区域的资源产生吸附力而使周边区域的各种资源要素流至增长极，一方面扩大了增长极的实力，形成增长极的规模效应与本体发展实力，推动着增长极的强劲发展；另一方面增长极吸附了周边区域的资源要素，抑制了周边区域的发展，增长极的扩散效应指增长极对周边区域的示范效应、关联效应、规模经济下滑后资源要素回流至周边区域，推动着周边区域的发展。循环积累因果理论主张，区域发展是动态的，是各种因素交互作用、互为因果、循环往复的非均衡运动历程，任一因素的变动都会引起其他因素的相应变动，并推动着初始因素的自我强化，经过这样的循环积累，造成发展因循初始因素的方向前行，引发先进区域不断积聚有利因素，落后区域不断积聚不利因素，就出现发展的空间二元结构，先进区域与落后区域的共存，政府要对二元结构实施主动干预，来推动落后区域的发展，缩小区域间差异。核心—边缘区理论坚持任一国家的区域体系皆包含核心区与边缘区，有的区域空间聚集形成累积的发展优势之时，具备了比周边区域更有力的竞争力，发展为区域体系的核心区，落后区域受到压制，只能仰仗核心区，落后区域就形成边缘区，区域体系的发展差距历经小—大—小—极小的演变。梯度推进理论认为，各区域皆处于一定的经济发展梯度之上，各梯度的区域相互关联，区域间存在由高梯度转向低梯度的推进现象，随着时间的流逝，各种资源都会从高梯度区域向低梯度区域流转。

非均衡发展理论同样适用于高等教育财政投入领域，美国高等教育财政资源分配中，以州政府为主，高等教育财政投入区域分布的空间差异伴随经济、政治、人口因素的变动而异动，经济发达地区、人口密集区、政治关键区常常是高度教育财政投入重点区。在市场机制、学术竞争机制的扰动下，有限的高等教育财政资源会在区域间流转，力争达成最优的财政资源投入产出效益，资源集中聚集于效益高、回报率高的区域，要实现高等教育财政资源的高回报率，就需要有充裕的人才资源，有契合人才资源才智发挥的机制、政策等资源，资源偏好于流向能产生更高回报的区域，造成高等教育财政资源较多聚集于经济更发达、管理水平更高的区域，造成高等教育财政资源的非均衡投入，但在非均衡投入之时，要推动区域间的高等教育财政协调投入，在非均衡投入中实现动态协调投入，达成高等教育财政投入整体效益最优，充分发挥各区域高等教育比较优势，区域间联动发展，相互协同，共同进步的区域高等教育可持续发展态势。

非均衡协调投入也是高等教育财政投入主体的政策选择，高等教育财政投入主体的资源配置偏好，一为效益最大化偏好，倾向于择取那些投入产出更大的区域来进行高等教育财政资源投入；二为差异化投入偏好，针对不同的投入客体，会择取不同的高等教育财政资源配比结构进行投入；三为依照区域经济社会发展目标部署安排相应的高等教育财政支持。高等教育财政投入的非均衡配置呈现为美国高等教育科研经费的基于表现的竞争性投入政策，比如在研究经费上获得重点支持的研究型高校。差异化高等教育财政投入偏好造成区域间高等教育资源结构各异，面向学生的财政资助政策使得人口密度高的区域获得更大的财政支持力度。依据区域经济社会发展目标所进行的高等教育财政的非均衡投入，在经济发达区域会采取财政超前投入政策，激励经济发达区域大力发展高等教育助力经济的快速增长，而在经济欠发达区域会采用跟随经济发展需要的财政投入策略。高等教育财政非均衡协调投入政策进一步强化了财政资源非均衡投入现状与区域高等教育资源集聚的事实，让那些高等教育基础与经济社会条件较好的州，及具有比较优势的高校，率先得到更充足的财政支持而发展起来，形成别具一格的高等教育增长极，来引领与撑持地区高等教育发展，实现各区域高等教育投入的均衡，共同进步，协调投入始终寓于非均衡协调投入之中，以非均衡协调投入为动力机制推进协调投入，协调投入又有利于支持非均衡协调投入的平稳进行。非均衡投入和协调投入的有机统一是高等教育财政非均衡协调投入的核心。

可见，高等教育财政的非均衡协调投入有多重内涵，一是高等教育财政的非均衡投入现状，也就是高等教育财政投入的空间非均衡往往是存在的，有一定的合理性与现实性，这种非均衡投入最终要实现区域间高等教育利益同向增长，实现高等教育服务的均等化；二是高等教育财政非均衡投入的动力，也就是高等教育财政的非均衡投入具有自然产生的驱动力，不管怎样，高等教育财政投入屡屡形成区域集聚并引发区域间差异，同时充分发挥区域高等教育比较优势，形成区域间合理的高等教育发展格局；三是高等教育财政非均衡投入的政策抉择，也就是高等教育财政投入主体在拟制财政投入政策时，偏好于采用非均衡投入策略，以获取最优的投入产出收益，推动国家高等教育整体实力的提升。

二　美国州际高等教育财政非均衡协调投入的运行机制

美国高等教育财政的非均衡协调投入政策作为特定制度环境与特定体制的产物，借助于一定的运行机制来施行。美国区域非均衡协调投入政策的实施仰仗着健全的竞争体制，顺应竞争体制的主张，不仅依赖于区域高等教育发展中竞争机制在配置资源中作用的发挥，还依赖区域经济高等教育发展中不可缺少的政府宏观调控与法律保障的作用。美国高等教育财政的非均衡协调投入实施着竞争机制和政府宏观调控相融合，法律为保障的三位一体的运行机制，这是市场经济条件下区域高等教育财政非均衡投入政策顺利运作的最优选择。

（一）竞争机制

财政对高等教育科研、教学、基建等项目采用合同拨款方式，合同拨款是高校获取联邦政府与州政府财政投入的一个主要途径，合同拨款方式基于竞争，依照合同标的给予拨款，有利于择取优质的合作高校，也有助于实现政府的发展目标，此种方式能够较好地激发高校之间的学术角逐动力，促使高校更为合理科学有效地部署安排教学与科研活动，推动高校科研水平与办学水平的提高，不断提升高校的竞争力，还可提升高校的独立自主性，且合同拨款法易于进行目标评估与考核，推动政府对财政资金的有效管控，对高等教育体系的发展目标进行协调。

（二）宏观调控机制

财政对经常性教学经费采用公式拨款方式，把各类需考量的高等教育财政投入因素加以分解，对各种投入因素分别实施量化，对投入因素的权重加以赋值，政府财政对高等教育资金的预算分配方式，主要依照各高校按公式所测算的分值而定，在招生规模一定的情境下，高校按公式测算的分值越高，可以从财政获得的经费也越多。公式拨款方式提高了财政投入的确定性，使高校对资金的规模有稳定的预期，从而能够合理有序地安排经费，决策程序较为简单，按公式确定高校可获得的资金数额，透明度较高，可以减小高校与政府的争执，因为公式拨款方式考量的因素较为全面，可以导引高校发展服从服务于政府所设定的经济社会发展规划，并通过公式参数来推动高校的前进方向。

《1980 贝伊—多尔法案》合理规范了美国科技成果应用方面的问题，联邦政府财政支持的科研成果所有权从联邦政府所有转变为研发机构所有，简化了专利申请程序，激励高校与企业合作，对联邦政府财政支持的科研成果加以应用，使高校纷纷设置技术许可办公室，涉足技术转让与商业化应用，高校制定了专利保护与转让的规章制度，明晰了高校、研究者间的利益分配关系，激励研究者与企业合作将研究成果商业化运作。

联邦政府对学生的直接或间接资助不断提高，高校学费上升，州政府财政资助下降，高校要获得联邦政府的财政支持，就需吸纳更多的学生，顺应学生的需求，接受联邦政府的绩效评估，跟着联邦政府的政策导向走。

（三）法律保障机制

美国高等教育财政投入非常注重立法，由于美国宪法规定联邦政府无权直接干涉各州高等教育活动，联邦政府不能直接配置经费给高校，联邦政府关于高等教育的立法只有指导作用，不具备强制力，州政府可以选择不执行联邦政府的高等教育法律，二战之前，由于宪法的约束，联邦政府对高等教育的立法较为谨慎，二战之后，伴随高等教育在政治、经济、科技发展中的作用增强，联邦政府增强了高等教育上的立法活动，相继出台各类高等教育法案，确保了政府对高校的财政支持，明确了政府对高等教育活动的干预与调控职能，同时也为高校打造卓越的捐赠环境，使高校从各种渠道获得更多的捐赠收入，政府还制定了各种税收优惠政策推动高等教育的发展，如高校为进行基础设施建设所发行的债券利息收入可以免征个人所得税，刺激社会对高校基础设施建设的投资。

三　美国州际高等教育财政非均衡投入的意义

（一）驱动人口集聚与经济发展

美国在实施城市化发展之始，就把高等教育发展与城市化紧密结合起来，注重各区域高等教育财政资源的均衡分布。还通过高校在不同地区设置分校区，来实现高等教育财政资源的合理配置，发端于1868年的美国加州大学相继在不同地区设置了9个分校，各分校都发展为所在城市的中心，吸引了众多人口，有着良好的人口集聚光环，为经济社会培养了众多人才资源，推动着经济飞跃式发展。

（二）推进一流大学和一流学科的建设

斯坦福大学在二战前还是一个名不见经传的普通高校，在《1958国防教育法》的推动下，从联邦政府获得大量的研发经费，着重建设物理、化学、电子工程学科，研发实力得到极大提升，一跃成为世界一流的研究型大学，自20世纪80年代起依靠自身技术与人才优势，积极开展和企业的合作，发展了一批高新技术产业，打造了世界知名的硅谷，斯坦福大学从政府获得的支持虽然比不上东部的一些高校，但从周边高科技企业获得大量资金支持，推动斯坦福大学的教学科研更上一层楼，对优秀教师与学生有着巨大的吸引力，形成良性循环。美国犹他州1986年的卓越计划，重点扶持犹他大学、杨伯翰大学，优先资助计算机、生物工程、医疗器械等三大学科发展为一流学科，推动着犹他大学与杨伯翰大学发展成为一流大学，犹他州的经济结构转型以高科技为主，发展为美国的第二个硅谷。

（三）确保少数民族的受教育权

《1890莫利尔法案》中明确，只有符合联邦政府要求的高校，才能获得财政资助，若不符合要求，就不给予财政资助，联邦政府要求高校不仅要汇报财政资金的使用情况与自身经费状况，在新生录取上不能有种族歧视。肯定性行动计划（*Affirmative Action Programs*）作为《1964 民权法》（*Civil Right Act*）延展而来的民权政策，在高等教育方面要求高校优先招录少数民族学生，保证少数民族学生的在校占比，确保雇员中少数民族的占比，增加对少数民族学生的财政支持力度和学习帮扶力度，实施肯定性行动计划的高校可以从联邦政府获得财政支持。

（四）改善人民收入

在金融危机之后美国面临着强劲的复苏，美国就业岗位大幅增加，预计至 2020 年，新增加的就业岗位 2400 万个，总就业岗位为 16460 万个，高水平技能型人才的净需要量为 500 万左右，至少 20% 的岗位需要专科学历，至少 23.3% 的岗位需要本科学历，若社区学院、四年制教学型高校不改革，则无法为这些就业岗位提供所需的人才。2016 年美国联邦预算中政府提出要向社会提供免费的社区学院教育，增进人才技能，进而提高人才收入，扩大中产阶级的规模，稳定社会。

四　美国州际高等教育财政非均衡投入对中国的启示

（一）合理布局各类高校的财政投入

1. 从国家大局考量研究型高校的财政投入

研究型高校作为高等教育的门面担当，应以培育高层次创新人才为主，博士生、硕士生于在校生中有较大的占比，科研工作占比较大，且同人才培育密切融合，从研究型高校中择取若干学科、专业，重点支持，提高这些学科、专业的科研水平、整体实力、社会贡献、国际影响力，力争发展为世界一流学科，进而发展为一流大学。

2. 从省域视角考量教学研究型高校的财政投入

教学研究型高校作为区域教学与科研活动的中心，此类高校以本科教育、硕士教育为主，也有一定的博士生教育。教学研究型高校要根据地方需要及专业领域的需求，展开人才培育、社会服务与科学研究活动。教学研究型高校多聚集于省会城市，发展教学研究型高校时可考量适当分散，以在省内不同城市设置分校的方式，均衡教学研究型高校的财政投入布局，通过高校的发展带动地区的经济社会发展，财政要支持教学研究型高校大力提升教学水平，服务本省经济社会的能力，扶持教学研究型高校办出自身特色。

3. 从省内次区域视角考量教学型高校的财政投入

教学型高校以本科教育为主，个别专业有硕士研究生教育，教学型高校的学科专业、办学方式更贴合地方发展实际，教学型高校应在省内合理规划，在人口较密集、经济较发达的城市新建，教学型高校要以服务地方为定位。

4. 从城镇发展视角积极建设技能型高校

为顺应城镇化发展需求，推动城镇化发展速度，应从城镇发展视角出发，财政积极支持高等专科学校、高等师范学校、高等职业技术学院的发展，让更多的人可以在家门口上大学，有一技之长，解决就业问题，满足社会发展对人才的需要，进而解决收入问题，从而打造中间大两头小的收入分配结构，壮大中产阶级，实现社会平稳过渡。

同时，推动高校在开展科研活动、社会服务时，获取合理的有偿报酬，以获得更多的发展资金，鼓励高校除财政资金之外，要广开财源，争取社会的支持、投入与捐赠，还要在税收上给予相应优惠，以激励社会的参与。

（二）加大对欠发达地区高等教育的财政支持

欠发达地区财政紧张，省级财政的高等教育投入有限，高校软件硬件难以得到及时改善，教职工待遇低下，难以吸引高层次人才，而且本省高校培育的人才也纷纷孔雀东南飞。中央要加大对欠发达地区高等教育的转移支付力度，确保欠发达地区高等教育和全国高等教育的同步发展。同时，欠发达地区高校要大力进行教学改革，基于经济社会需要整合专业发展方向，强化教学管理，培育高层次的专业技术人才，以契合本地需要，还要提高人才待遇，为欠发达地区经济社会的发展培育留得住、用得着的专门人才。

（三）健全学生资助体系

发展以政府为主、社会积极参与、高校认真执行的多元学生资助体系，政府作为学生资助体系的主导者，增加财政投入，通过财政补贴、助学金、奖学金、生源地贷款、国家助学贷款等方式解决学生上学费用问题。还要强化制度建设，确保资金的渠道通畅，营造乐善好施的助学氛围，积极引领社会力量参与学生资助。社会力量作为学生资助体系的支持者，主动配合国家的学生资助计划，可以在提供适当经济帮助之时，为弱势群体学生提供心理安抚、能力帮扶等。高校作为学生资助体系的执行者，要科学规范地认定贫困生，构建贫困生档案，合理配置资助资金，增大励志奖学金的资助额度，让弱势群体学生经由勤奋学习获得必要的物质帮助，设置勤工俭学岗位，让弱势群体学生通过自己的辛勤工作获得相应报酬，培育学生自食其力的意识。

（四）实施高等教育财政投入绩效评估

高等教育的发展，不仅受到高等教育财政投入的规模影响，还受到高等教育财政投入的资源配置效率的影响。需要加强高等教育财政投入绩效评估的法制化建设与制度化建设，明确绩效评价的规范、流程与方式方法，科学合理应用绩效评估的结果，把绩效评估的结果直接与财政拨款相关联，设置监督机制与绩效评估报告制度，推动高校积极改进投入产出效率。构建高校交互自律机制。在高校间设立互助合作组织，经由互助合作组织整合高等教育标准、协调高校间的教育政策与教育活动，在高等教育财政投入绩效评估中发挥作用。设置学术界的质量认证机制。仰仗各类专业协会、学术团体等参加高校学科、专业的质量评估，经由定期与不定期的教育评估，使学术组织在高等教育财政投入绩效评估中发挥作用。还可构建独立于政府、高校的第三方评估机构，对高等教育财政投入绩效进行客观的评估分析，为政府高等教育财政投入与高校的发展确立合理的客观标准。还要强化政府本身对高等教育财政投入绩效的评估，这种评估要尊重高等教育自身发展规律，客观把握高等教育发展的过去与今天，严格规范地展开评估，确保政府高等教育投入的有效性。政府还要承担对高等教育财政投入政府评估和社会评估的评估，即加强政府的元评估职能，以防范不客观评估的出现，通过高校、政府、社会等三个维度设置高等教育财政投入评估体系，把这三个维度的评估体系有机结合，建构起高等教育财政投入评估的立体发展模式，推动高等教育财政投入的效益提升。

第二节　长江经济带高等教育财政投入—
经济—收入分配系统协调发展
定量分析

高等教育是政府为了改善民生，推动社会公平所提供的公共服务。研究试图从经济学视角分析长江经济带高等教育财政投入与经济增长、收入分配间的关系，探讨政府加大长江经济带高等教育财政投入对于经济增长与收入分配的长期影响，为政府进一步调整长江经济带高等教育财政投入规划提供理论依据与政策参考。

国内外学者基于系统科学理论探讨高等教育财政投入、经济、收入分配系统协调发展的研究成果有不少。卜振兴（2016）采用分位数回归模型分析显示，高等教育投入会减少收入分配失衡，经济增长会加剧收入分配失衡，高等教育投入应向经济欠发达地区倾斜，向弱势群体倾斜[1]。李玉华（2016）认为高等教育投入有利于经济增长。王树乔、王惠、尹洁（2016）指出高等教育投入与经济增长存在长期均衡关系。劳昕、薛澜（2016）指出中国高等教育资源空间格局呈多中心分布结构，高等教育主要投入于直辖市和各省会城市，西部地区省会城市的投入集中程度较高；高等教育投入空间分布与各地区的经济发展水平相适应，近年来西南部地区高等教育投入增长较快，使得高等教育投入空间分布呈均衡化发展态势；由东北往西南，高等教育投

---

[1]　卜振兴：《高等教育发展对收入不平等的影响——基于分位数回归模型的研究》，《北京交通大学学报》（社会科学版）2016年第1期。

入的加大对经济增长的影响越来越大①。Sadek 等（2016）分析高等教育投入与经济增长的正向关系②。Amaral 等（2015）发现巴西、墨西哥高等教育投入对收入分配有正向影响。Calvo 等（2015）的研究显示俄罗斯高等教育投入缩小了收入分配差距。Verner（2006）指出高等教育投入有利于提高收入。Lopez-Acevedo 和 Salinas（2000）发现墨西哥高等教育投入有累退性，拉大了收入分配差距。Mimoun 和 Raies（2010）指出高等教育投入造成收入分配的固化，不利于经济增长。但很少有研究对高等教育财政投入、经济、收入分配系统协调关联展开多维度评价分析③。

本研究从系统科学理论的角度，构建高等教育财政投入、经济与收入分配的一体化系统，采取主成分模型、有序度模型、协调度模型等方法，从其发展水平、单系统的有序度、系统间的协调度三个维度对高等教育财政投入—经济—收入分配系统的协调关系展开定量分析，并给出相应的发展政策意见与建议，以推动长江经济带高等教育和经济、收入分配的良性往复与和谐发展。

一　指标择取和数据

（一）指标择取

借鉴已有的相关研究指标体系，并遵循评价指标体系科学性、可比性、系统全面性及可操作性原则，构建高等教育—人口—经济协调发展评价指标体系（见表4-1）。高等教育财政投入的 6 项初始指标，包括了高等教育财政投入的绝对量、相对量、高等教育基建开支等；

---

① 劳昕、薛澜：《我国高等教育资源的空间分布及其对地区经济增长的影响》，《高等教育研究》2016 年第 6 期。

② Mohammad Sadek, Mohitul Ameen Ahmed Mustafi and Sardar Mohammad Tauhidul Islam, "Socio-Economic Determinants of Higher Education Student's: A Case Study on Chittagong University", *Scholar Journal of Research Review*, Vol. 1, No. 1, 2016.

③ Mohamed Ben Mimoun and Asma Raies, "Human Capital Investment and Intergenerational Mobility: A Two-stage Education Model", *Bulletin of Economic Research*, Vol. 62, No. 1, 2010.

反映经济发展水平的 6 项初始指标，及收入分配的 3 项初始指标。其中，基尼系数、城乡居民消费比为负向指标。

表 4-1　　　　　　　　　　　　　指标体系

系统	指标	直接引用	间接计算
高等教育财政投入	正向	高等教育财政投入值、事业费支出、事业费支出个人部分、事业费支出公用部分、基本建设支出、生均教育经费支出、生均事业性经费支出、生均事业性经费个人部分、生均事业性经费公用部分、生均基本建设支出	
经济	正向	地区生产总值、人均地区生产总值、第三产业生产总值、第三产业产值比重、固定资本形成总额、固定资本形成总额占比	
收入分配	正向	职工平均工资、农林牧渔业平均工资、人均可支配收入、人均消费支出、城镇居民人均可支配收入、农村居民人均纯收入、全体居民消费水平	人均可支配收入（2008）、人均消费支出（2008）
	负向	城乡居民消费比	基尼系数

（二）数据来源与处理

选取 2008 年和 2013 年各系统发展指标的截面数据，对长江经济带 11 个省市自治区的高等教育财政投入—经济—收入分配系统的协调关联衍化展开定量分析。指标体系中的数据经《中国统计年鉴（2014）》《中国统计年鉴（2009）》《中国教育经费统计年鉴（2014）》《中国教育经费统计年鉴（2009）》中整理而来。为消除初始指标数据在量纲上的差异，使数据具有可比性，这里采用 Z-Score 标准化方式处理数据，将数据转化为均值为 0、标准差为 1 的数据。$z_{ij} = (x_{ij} - x_i) / s_i$。其中：$z_{ij}$ 为标准化后的变量值；x_{ij} 为实际变量值，x_i 为算术平均值，s_i 为标准差。

二　定量方法与模型建构

高等教育财政投入—经济—收入分配系统的协调发展为各系统间交互作用的结果。为更全面分析各系统间的协调发展水准，基于对各系统发展水准的评价，立足于高等教育财政投入，从单个系统的有序度、两系统间的协调度、三系统间的综合发展协调度三个层次对高等教育财政投入—经济—收入分配系统的协调发展展开定量探讨。其中，发展水准的评判乃系统协调发展评判的基石，有序度与协调度为对系统间协调发展衍化状况的定量分析，经由建构单个系统的有序度模型与系统间的协调度模型进行评判。

（一）各系统发展水准的评判方法

为全面体现初始指标的信息，采用主成分法，经由全分量分析，把原有相关变量重新组合为新的无关综合变量，当 k 个主成分的累积贡献率超过85%，就可以确定各系统的主成分。采用 SPSS 软件展开主成分分析，得到体现高等教育财政投入系统各指标的特征根、方差贡献率、累积方差贡献率（如表4-2所示）。

表4-2　　　　　　　　高等教育财政投入系统的解释方差

因子	初始特征根（2008）			初始特征根（2013）		
	方差	方差贡献率（%）	累计贡献率（%）	方差	方差贡献率（%）	累计贡献率（%）
高等教育财政投入值	7.694	76.945	76.945	7.261	72.606	72.606
生均教育经费支出	1.484	14.841	91.786	2.192	21.922	94.529
事业费支出	0.549	5.491	97.277	0.490	4.898	99.427
事业费支出个人部分	0.177	1.770	99.047	0.057	0.569	99.995
事业费支出公用部分	0.070	0.699	99.746	0.000	0.003	99.999
基本建设支出	0.025	0.254	100.000	0.000	0.001	100.000
生均事业性经费支出	3.933E-13	3.933E-12	100.000	2.722E-13	2.722E-12	100.000
生均事业性经费个人部分	1.377E-13	1.377E-12	100.000	1.330E-14	1.330E-13	100.000

续表

因子	初始特征根（2008）			初始特征根（2013）		
	方差	方差贡献率（%）	累计贡献率（%）	方差	方差贡献率（%）	累计贡献率（%）
生均事业性经费公用部分	−6.794E−17	−6.794E−16	100.000	2.954E−16	2.954E−15	100.000
生均基本建设支出	−2.282E−16	−2.282E−15	100.000	5.907E−18	5.907E−17	100.000

由表 4 - 2 可见，2008 年与 2013 年的前 2 个因子分别反映了 91.786%、94.529%的信息量，因此分别选用 2 个主成分因子高等教育财政投入值、生均教育经费支出作为各区域高等教育系统发展水平的评价指标，以主成分的贡献率为权数，得到综合评价指标，即区域高等教育财政投入水准综合得分的测度公式：

2008 年高等教育财政投入综合得分 =（76.945A_{11}+14.841A_{12}）/91.786

$$(1)$$

2013 年高等教育财政投入综合得分 =（72.606A_{11}+21.922A_{12}）/94.529

$$(2)$$

表 4-3　　　　　　　　　　经济系统的解释方差

因子	初始特征根（2008）			初始特征根（2013）		
	方差	方差贡献率（%）	累计贡献率（%）	方差	方差贡献率（%）	累计贡献率（%）
地区生产总值	2.0235	84.307	84.307	1.9999	83.155	83.155
人均地区生产总值	−0.1415	11.656	99.963	0.0004	16.679	99.833
第三产业生产总值	−0.47	0.028	99.991	−0.4981	0.108	99.942
第三产业产值比重	−0.4705	0.009	100.000	−0.4996	0.058	100.000
固定资本形成总额	−0.4708	6.045E−07	100.000	−0.5013	3.308E−07	100.000
固定资本形成总额占比	−0.4708	3.359E−07	100.000	−0.5013	1.045E−07	100.000

由表 4-3 可见，2008 年与 2013 年的前 2 个因子分别反映了 99.963%、99.833% 的信息量，因此分别选用 2 个主成分因子地区生产总值、人均地区生产总值作为各区域经济系统发展水准的评价指标，以主成分的贡献率为权数，得到综合评价指标，即区域经济发展水准的综合得分测算程式：

$$2008 \text{ 年经济综合得分} = (84.307B_{11} + 11.656B_{12})/99.963 \qquad (3)$$

$$2013 \text{ 年经济综合得分} = (83.155 B_{11} + 16.679 B_{12})/99.833 \qquad (4)$$

表 4-4　　　　　　　　收入分配系统的解释方差

因子	初始特征根（2008）			初始特征根（2013）		
	方差	方差贡献率（%）	累计贡献率（%）	方差	方差贡献率（%）	累计贡献率（%）
基尼系数	9.381	84.282	84.282	8.582	78.019	78.019
人均可支配收入	1.238	11.255	96.536	1.228	11.168	89.187
人均消费支出	0.185	1.681	98.218	0.871	7.921	97.107
全体居民消费水平	0.106	0.965	99.183	0.141	1.280	98.387
城乡居民消费比	0.051	0.464	99.646	0.128	1.163	99.550
职工平均工资	0.024	0.218	99.864	0.026	0.238	99.787
农林牧渔业平均工资	0.010	0.089	99.954	0.015	0.137	99.924
城镇居民人均消费支出	0.005	0.045	99.999	0.007	0.061	99.985
农村居民人均消费支出	8.305E-05	0.001	100.000	0.002	0.014	99.999
城镇居民人均可支配收入	1.855E-05	0.000	100.000	0.000	0.001	100.000
农村居民人均纯收入	-1.748E-16	-1.589E-15	100.000	7.242E-17	6.584E-16	100.000

由表 4-4 可见，2008 年与 2013 年的前 2 个因子分别反映了 96.536%、89.187% 的信息量，因此分别选用 2 个主成分因子基尼系数、人均可支配收入作为各区域收入分配系统发展水准的评价指标，以主成分的贡献率为权数，得到综合评价指标，即区域收入分配发展水准的综合得分：

$$2008 \text{ 年收入分配综合得分} = (84.282C_{11} + 11.255C_{12})/96.536 \quad (5)$$

$$2013 \text{ 年收入分配综合得分} = (78.019C_{11} + 11.168C_{12})/89.187 \quad (6)$$

依照高等教育财政投入系统、经济系统和收入分配系统的综合得分，以此来测度各系统的基本发展水准。

(二) 高等教育财政投入—经济—收入分配系统协调度模型构建

系统发展的协调度模型可以测度高等教育财政投入—经济—收入分配系统的协调性，评估系统协调发展衍化情状。根据 Haken 协同学的 Slaving 理论，系统从无序转至有序的关键为系统内序参量变量间的协同作用，此作用扰动着系统演变的特征与规律。因此，只分析少数序参量的方程就能确定系统的衍化行为，此处择取高等教育财政投入—经济—收入分配系统中的主成分为序参量。

对于高等教育财政投入—经济—收入分配系统 T，设置系统演变中的序参量为 Y，$Y_j(j = 1,2,3)$ 演变中的序参量为 h_j，$h_j = (h_{j1}, h_{j2}, \cdots, h_{jn})$，其中 $n \geq 1$，$\omega_{ji} \leq h_{ji} \leq \theta_{ji}$，$i \in (1,n)$，假设 $h_{j1}, h_{j2}, \cdots, h_{jl}$ 的取值越高，系统的有序水平越高，$h_{j(l+1)}, h_{j(l+2)}, \cdots, h_{jn}$ 的取值越小，系统的有序水平越低，可测度 h_{ji} 对 Y_j 的有序度 $u_j(h_{ji})$ 是：

$$u_j(h_{ji}) = \begin{cases} \dfrac{h_{ji} - \omega_{ji}}{\theta_{ji} - \omega_{ji}} & i \in [1,l] \\[3mm] \dfrac{\theta_{ji} - h_{ji}}{\theta_{ji} - \omega_{ji}} & i \in [l+1, n] \end{cases} \quad (7)$$

$u_j(h_{ji}) \in [0,1]$ 反映 h_{ji} 对 Y_j 有序的作用大小，运用线性加权求和法，就能测度出 h_{ji} 对系统 Y_j 的总作用水平，也就是系统的有序度，测算公式为：

$$u_j(h_{ji}) = \sum_{i=1}^{n} \lambda_i u_j(e_{ji}) \qquad (0 \leq \lambda_i \leq 1, \sum_{i=1}^{n} \lambda_i = 1) \qquad (8)$$

式中,λ_i是各个系统的序参量h_{ji}的权重因子,$u_j(h_{ji}) \in [0,1]$,$u_j(h_{ji})$的取值越高,h_j对系统的作用就越大,系统的有序水平也就越佳。

根据系统有序度的理论,构建高等教育财政投入—经济—收入分配系统协调度模型:把2008年设为分析的初始时期t_0,各系统序参量的有序度是$u_j^0(h_j)(j=1,2,3)$,2013年是系统发展演变中的时期t_1,各系统序参量的有序度是$u_j^1(h_j)(j=1,2,3)$,系统间协调度模型是:

$$\text{cm} = \varphi \left\{ \left| \prod_{j=1}^{k} [u_j^1(h_j) - u_j^0(h_j)] \right| \right\}^{1/k^2} \qquad (k=2,3) \qquad (9)$$

式(9)中,

$$\varphi = \min[u_j^1(h_j) - u_j^0(h_j) \neq 0] / |\min[u_j^1(h_j) - u_j^0(h_j)]| \neq 0|, j=1,2,3$$

从式(9)中可知:

(1)$u_j^1(h_j) - u_j^0(h_j) \in [-1,1]$,描述了系统$Y_j$从$t_0$到$t_1$的演变阶段中有序水平的变动。

(2)$\varphi = \pm 1$,表示协调度数值的正负,如果$\varphi = -1$,表示高等教育财政投入—经济—收入分配系统中至少有一个子系统没有朝着有序的方向转变。

(3)$\text{cm} \in [-1,1]$,cm越大表明高等教育财政投入—经济—收入分配系统的协调度越高,cm越小表明高等教育财政投入—经济—收入分配系统的协调度越低,如果$\text{cm} \in [-1,0]$,表示高等教育财政投入—经济—收入分配系统中至少有一个子系统朝着无序的方向变动,也就是高等教育财政投入—经济—收入分配系统在从t_0到t_1的演变阶段中处于不协调的发展境况。

三　实证结果分析

(一)各子系统发展水准评判分析

综合得分为测度各系统发展水准的数值,依照各子系统综合得分测算程式可以获取测算结果(如表4-5所示)。

表 4-5　　2008 年和 2013 年长江经济带各省市高等教育财政投入—
经济—收入分配系统的综合得分情况

地区	2008				2013			
	高等教育财政投入	经济	收入分配	排序	高等教育财政投入	经济	收入分配	排序
上海	1.1699	0.5	-0.9928	(2,3,11)	1.74	0.22	-0.89	(1,3,11)
江苏	2.0044	2.08	-0.7447	(1,1,9)	1.35	2.27	-0.71	(2,1,9)
浙江	0.3873	1.09	-0.8587	(4,2,10)	-0.14	0.98	-0.75	(6,2,10)
安徽	-0.6751	-0.4	0.0991	(8,7,4)	-0.49	-0.37	0.13	(7,7,4)
江西	-0.7841	-0.6	-0.4617	(9,8,8)	-0.65	-0.64	-0.61	(8,8,8)
湖北	0.5069	-0.11	-0.3024	(3,6,7)	0.65	0.04	-0.38	(3,5,7)
湖南	-0.0397	-0.1	0.072	(6,5,5)	0.03	-0.01	0.04	(5,6,6)
重庆	-0.5641	-0.71	0.6244	(7,9,3)	-0.71	-0.65	0.43	(9,9,3)
四川	-0.0006	0.0004	0.0529	(5,4,6)	0.21	0.06	0.08	(4,4,5)
贵州	-1.1371	-1	1.2202	(11,11,2)	-0.9938	-1.07	1.3298	(11,11,2)
云南	-0.8678	-0.75	1.2918	(10,10,1)	-0.9926	-0.84	1.3302	(10,10,1)

　　从各系统综合得分测算结果看,高等教育财政投入综合得分居于前列的是江苏、上海、湖北,其次是四川、湖南、浙江,再次是安徽、江西、重庆,排在末位的是云南、贵州。从地理分布来看,高等教育财政投入综合得分高的省市主要集中于长江中游、下游地区,均处于长江经济带的高等教育优先发展区域。上海、江苏、浙江高等教育财政投入子系统和经济子系统的得分都较高,但收入分配子系统的得分较低,表明这些区域高等教育财政投入增加了,高等教育发展了,经济增长了,但收入分配差距却在不断拉大。湖北高等教育财政投入子系统的表现比经济和收入分配子系统的表现好,这主要由于湖北高等教育基础较为雄厚,但有待于采取措施,把高等教育发展的优势转化为经济发展的优势,转化为收入分配系统的优势。云南、贵州高等教育财政投入子系统和经济子系统的得分都较低,但收入分配子系统的得分较高,表明这两个省份虽然高等教育财政投入不高,经济不够发达,但收入分配差距不是很

大,但可以想见这种收入分配公平是低水准的公平,还有待于发展为高
水准的公平。

(二)子系统的有序度分析

有序度可以反映子系统有序化发展水平,有序度的数值越高,表明
子系统的有序化发展水平越高。依照有序度模型,测算得到长江经济
带各省份的有序度数值(如表4-6所示)。

表4-6　　2008—2013年长江经济带各省市高等教育财政投入—

经济—收入分配系统演变的有序度

地区	2008				2013			
	高等教育财政投入	经济	收入分配	排序	高等教育财政投入	经济	收入分配	排序
上海	0.8566	0.8733	−0.9523	(1,2,10)	0.6665	0.8737	−0.9250	(1,2,10)
江苏	0.7781	0.7268	−0.2120	(2,1,9)	0.2965	0.9232	−0.2149	(2,1,8)
浙江	−0.0752	−0.2276	−0.9549	(6,5,11)	−0.4931	−0.0511	−0.9343	(11,5,11)
安徽	−0.4342	−0.5947	0.1719	(8,10,5)	−0.4264	−0.4196	0.1732	(9,8,6)
江西	−0.9022	−0.4619	0.2640	(10,9,4)	−0.3946	−0.5775	0.3073	(8,10,4)
湖北	0.0442	0.0038	−0.0732	(5,4,8)	0.0884	0.1443	−0.2403	(3,4,9)
湖南	−0.6008	−0.3432	0.0375	(9,7,7)	−0.4499	−0.3379	−0.0311	(10,7,7)
重庆	0.0993	−0.4401	0.1463	(4,8,6)	−0.3021	−0.2921	0.1748	(7,6,5)
四川	0.5297	0.0247	0.6974	(3,3,2)	0.0092	0.2277	0.5942	(4,3,2)
贵州	−0.9361	−0.9100	0.5200	(7,11,3)	−0.2127	−0.9432	0.5227	(6,9,1)
云南	−0.4306	−0.2803	0.9535	(11,6,1)	−0.0591	−0.48	0.9029	(5,11,3)
均值	−0.0974	−0.1481	0.0544		−0.1161	−0.0848	0.030	

从各子系统的有序度表可知,整体平均水平从2008年到2013年
的发展演变,高等教育财政投入子系统有序度存在一定下滑,经济子
系统的有序度有所增强,收入分配子系统有序度有所下降,经济子系
统朝着有序化方向演进,高等教育财政投入子系统和收入分配子系统
朝着失序的方向演进,且收入分配子系统的失序程度高于高等教育财

政投入子系统的失序程度。其中，高等教育财政投入子系统中重庆、四川、贵州、云南的有序度显著下滑。收入分配子系统中上海、浙江、湖南、四川、云南的有序度存在一定滑落。经济子系统中安徽、湖南的有序度有一定下降。各省高等教育财政投入子系统与经济子系统的有序度差值普遍高于各省高等教育财政子系统与收入分配子系统的有序度差值，表明高等教育财政投入与收入分配子系统更为协调与匹配，2008—2013年间高等教育财政投入子系统与收入分配子系统无序化演变，而经济子系统相对均衡发展。

（三）系统间的协调度探讨

立足于高等教育财政投入，探讨高等教育财政投入分别与经济系统、收入分配系统及高等教育财政投入—经济—收入分配系统的协调度，来测度高等教育财政投入与经济、收入分配的协调程度，设置高等教育财政投入—经济系统协调度为 cm_1，高等教育财政投入—收入分配系统协调度为 cm_2，高等教育财政投入—经济—收入分配系统协调度为 cm_3，依照系统协调发展模型测算长江经济带各省市的系统间协调度，如图4-3所示。

就系统间协调度衍化而言，协调度在 ［-1，1］ 取值，高等教育财政投入—收入分配系统的协调度显然大于高等教育—经济系统的协调度，高等教育财政投入—经济—收入分配系统的协调度有较大波幅，长江经济带各省间存在显著的区域差异。其中，江苏、浙江、湖南、湖北的系统间协调度 cm_1、cm_2、cm_3 皆大于0，表明这些省份的高等教育财政投入—经济—收入分配系统皆朝着有序化方向演变，长江经济带其他省份则至少有一个系统协调度数值小于0，表明至少有一个系统朝着脱序的方向衍化，整个长江经济带高等教育财政投入—经济—收入分配系统仍处于非协调的发展态势。

依照系统间的协调度数值测度结果，对高等教育财政投入—经济—收入分配系统协调发展的演变加以区划，若协调度数值皆大于0，则为协调发展衍化区，若协调度数值中有一个小于0，则为轻度失调衍化区，若协调度数值中有两个小于0，则为中度失调衍化区，若协

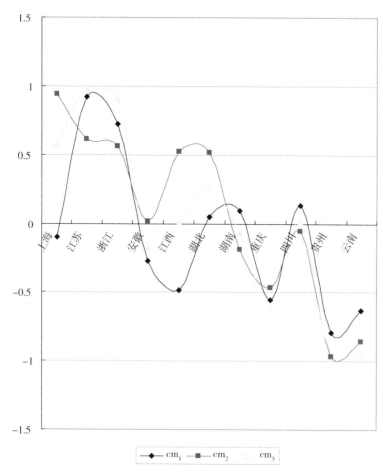

图 4-3 2008—2013 年间长江经济带各省市各系统间协调度衍化

调度数值皆小于 0，则为重度失调衍化区。分类结果如表 4-7 所示。

表 4-7 长江经济带各省市高等教育财政投入—经济—收入分配系统协调度分区

协调度分区	省市
协调发展衍化区	江苏、浙江、湖南、湖北
轻度失调衍化区	上海
中度失调衍化区	安徽、江西
重度失调衍化区	重庆、四川、贵州、云南

从长江经济带各省高等教育财政投入—经济—收入分配系统协调度分区来看，长江经济带 11 个省市高等教育财政投入—经济—收入分配系统协调发展演变不尽如人意，仅有江苏、浙江、湖南、湖北这 4 个省份处于协调发展演变的境况，且处于协调演变的较低层次，其他省市中，上海处于轻度失调演变阶段，安徽、江西两省处于中度失调演变阶段，重庆、四川、贵州、云南则处于重度失调演变阶段。

四 结论与政策建议

（一）结论

1. 高等教育财政投入高进而高等教育较为发达的地区主要集中于长江经济带的江苏、浙江、湖南、湖北、上海等省市，上海、江苏、浙江、湖北、湖南地处国家高等教育优先发展区，高等教育财政投入倾斜度明显，而安徽、江西、重庆、四川、贵州、云南位于中西部地区，高等教育财政投入乏力，高等教育发展水平较慢。长江经济带各省市中，上海、江苏、浙江高等教育财政投入子系统和经济子系统的综合发展水准较高，收入分配子系统的综合发展则较为低下。

2. 经济子系统、高等教育财政投入子系统、收入分配子系统的有序化程度顺次下滑，经济子系统朝着有序化方向发展，高等教育财政投入子系统和收入分配子系统朝着无序化方向发展，且收入分配子系统的无序化水平高于高等教育财政投入子系统的无序化水平。高等教育财政投入子系统和经济子系统的发展不够匹配，且收入分配子系统也存在较大的波动，无序化程度较高，高等教育财政投入子系统和收入分配子系统的无序化演变是高等教育财政投入—经济—收入分配系统协调发展的干扰。

3. 长江经济带各省市系统间协调度差异明显，江苏、浙江、湖南、湖北等省步入协调发展阶段，但协调水平较低，其他省市依然存在程度不同的失调演变。高等教育财政投入—收入分配系统的协调发展水平整体来看略高于高等教育财政投入—经济系统的协调发展水平，高等教育财政投入—经济—收入分配系统的协调发展程度整体来看略低于高等教育财政投入—收入分配系统的协调发展水平，高等教育财政投入—经济—收入分配系统的协调发展还有着漫漫长路。

（二）政策建议

根据前面实证分析及结论，高等教育财政投入—经济—收入分配系统演变存在不同程度的失调，这里建议从高等教育财政投入—经济系统、高等教育财政投入—收入分配系统及高等教育财政投入—经济—收入分配系统协调演变三个方面来纾解不协调因素。

1. 高等教育财政投入—经济系统的协调演变进程，主要关注高等教育财政投入的区域差异，依据差异性原则切实发扬各省市的经济区位优势，化经济优势为高等教育财政投入优势、收入分配优势，提升高等教育财政投入—经济子系统的整体协调发展水平。长江经济带的高等教育欠发达省份应要借助政策援助推动高等教育财政投入力度的增强，如云南、贵州等高等教育财政投入较低的省份可经由东西部高校的对口援助计划，增加高等教育财政投入力度，进而提升高等教育发展水准，推动高等教育财政投入—经济子系统的协调发展演变。

2. 高等教育财政投入—收入分配系统的协调演变进程，着力提升收入分配子系统的综合发展水准，增进收入分配系统发展的有序化水平，可以打造长江经济带各省市收入分配信息管理系统，预测收入分配变动态势，特别关切长江经济带上高等教育财政投入与收入分配失调程度高的省份的收入分配变动，加强监测高等教育财政投入—收入分配系统的发展境况。如云南、贵州的高等教育财政投入与收入分配的协调度较低，通过结合《中国教育经费统计年鉴》《中国统计年鉴》数据，编制高等教育财政投入与收入分配变动表，合理预测高等教育财政投入与收入分配的发展演变态势，适时引导高等教育财政投入—收入分配系统的有序化演变。

3. 高等教育财政投入—经济—收入分配系统协调演变进程，关键在于针对高等教育财政投入的不同演变阶段适时调整战略，构建适应协调发展所需要的"三合一"发展体系。对于协调发展衍化区，立足于各省市经济发展水平，推进高等教育财政投入水平，进而实现各省市的高等教育发展目标，发挥高等教育财政投入与经济系统的显著优势，带动收入分配系统与其的协调发展衍化；对于轻度失调衍化区，可依赖自身力量，扭转高等教育财政投入与经济系统的失调，推动高等教育财政投入与经济的同步发展；对于中度失调衍化区，可借力于周边协调发展衍化的省市的辐射作用，发展本地的高等教育与经济；对于重度失调衍化区，借助国家的西部经济和高等教育发展倾斜政策，推出增进本地高等教育投入的配套制度，加快本地高等教育发展速度。同时，经由探究各子系统的自身发展特质，结合高等教育和经济、收入分配发展的区域性与阶段性属性，构建高等教育财政投入—经济—收入分配系统发展的预警机制，适时察觉系统间协调发展演变中出现的问题，以确保长江经济带各省市高等教育财政投入的科学决策和有关方针政策的切实有效的执行，推动高等教育财政投入与经济、收入分配的良性往复与协调演变。

第三节　国家支持与地方扶助：区域高等教育　财政支出均衡配置——以高等教育　援藏投入为例

为推动西藏发展，积极发展西藏高等教育，为西藏培育急需的高级专门人才，教育部从 2001 年起推动施行对口支援西部地区高等学校计划，在第一批计划中指定北京大学、西南交通大学等 13 所高校，采取一对一方式，开展对西藏大学、石河子大学等西部高校的支援与全面合作。高等教育援藏投入自施行以来，历经一对一、组团式等投入模式等，累积了丰富经验。在高等教育援藏投入践行中，北京大学等支援高校把"科教结合、协同创新"的理念引入援藏投入活动，使高等教育援藏投入的"输血"变"造血"，这种模式创新为未来高等教育援藏投入供给了新思路与新方向。研究打算分析各国解决高等教育发展非均衡的举措及局限之处，探讨我国高等教育援藏投入发展战略的特征及取向，探究在国家"一带一路"倡议带动下，高等教育援藏投入的可持续发展模式。

一　区域高等教育财政支出均衡配置的一般模式

（一）区域高等教育财政支出非均衡的普遍性及主要缘由

从全球来看，区域高等教育财政支出非均衡现象非常普遍。美国在二战前，西部地区高等教育较东部地区落后，1944 年《军人权利法案》的实施，美国政府为退伍军人接受高等教育提供资助，推动西部地区高等教育的发展。日本非常关注各地高等教育财政支出的均衡配置，从 20 世纪 70 年代起，针对高等教育财政支出相对集中于大都市区的情境，实施限制首都圈原有市中心街区工业法、限制近畿圈原有城市区域工厂法，限制首都圈新增设高校、限制近畿圈原有市中心街区新增设高校，减少首都圈、近畿圈高等教育财政支出。韩国从 2003 年起，面对区域高等教育财政支出不均衡的现象，开始实施《国家均衡发展法》，要求发展区域高等教育，推动高等教育与区域经济、社会、科技的互动，增加对地方高等教育财政支持。瑞典从 1993 年起，对高等教育管理从中央集权转变为地方分权，高校在资源管理、机构组织、课程设置、教工评聘上有更大的自主权，以结果为导向的资源配置模式，推动不同地区高校协调发展。中国高等教育财政支出在省域之间存在非均衡，政府也在尽力采取支援落后地区的种种举措。

区域高等教育财政支出不平衡在全球普遍存在，探其根源，可归因于如下方面：一是自然约束。高等教育发展受到地理环境、资源禀赋的影响，即使为生产力发达的地区，自然约束依然为关键要素，通常自然资源丰富的地区，往往是生态环境脆弱的地区，也远离社会经济聚集区，高等教育建设成本、运作成本较高，人才留不住，高等教育无法快速发展，高等教育财政支出难以大幅增长。二是历史因素。各国新设的高校或已有的高校主要集中于发达地区，欠发达地区高校不多，基础落后，高等教育综合实力不强，财政投入相比发达地区不够庞大。三是内生因素。知识经济时代使得高等教育人力、物力、财力进一步向拥有雄厚基础、优秀人才等内生发展条件的地区聚集。四是政策因素。国家在优质高等教育资源稀缺的条件下，为创建一流大学和一流学科，让一部分大学、一部分学科先发展起来，会在财政支出上抑制一部分虽具备发展条件但处于相对竞争劣势地区的高等教育。五是政策执行能力。政府的政策执行能力会直接扰动区域高等教育发展的品质与规模，政府的主观能动性会扰动区域高等教育财政支出均衡配置。

（二）各国解决区域高等教育财政支出配置不均衡的主要举措及局限性

区域高等教育财政支出政策作为宏观调控手段，目的为缩减区域高等教育财政支出配置的不均衡，协调地区间高等教育发展，平衡各地高等教育实力。各国在推动区域高等教育财政支出均衡配置的政策各有千秋，主要举措有：

一是转移支付。通过转移支付支持欠发达地区高等教育发展是各国的通行做法，以高等教育财政转移支付为主要方式，实现各地高等教育财政支出的均衡，推动各地高等教育服务水平的均等化发展。各国对高等教育转移支付的具体配置一般都依照学生数量、生均培养成本等指标体系展开测度，同时各国越来越关注转移支付的使用效果，增加了以教学效果、科研效果为基准的转移支付力度。美国联邦政府对高校的科研资助主要有两类，以竞争性的同行评议资助为主、非竞争性的学术专项资助为辅，学生在联邦政府的资助下自由选择高校，增进高校间的竞争，推动高等教育品质提升。2015 年奥巴马政府推出的美国社区学院承诺计划提出，对在学习期间至少有 1/2 的时间在校学习、GPA（Grade Point Average，平均级点）在 2.5 以上、顺利完成课程的学生可免学费，免除学费的 75% 由联邦政府负担，25% 由州政府负担。日本高等教育财政支出有定量分配和倾斜分配，定量分配依照师生比例安排，倾斜分配依照绩效进行配置，且减少定量分配，增加倾斜分配，增加高校自筹经费占比，扩大高校自主权。韩国在对高校进行转移支付时，科研资金分配以绩效为导向，无论公立或私立高校，品质高的大学获得较多的政府经费，学生可得到无偿奖学金、工作奖学金、贷款奖学金等，教师待遇可得到政府保障。瑞典从1993年起，财政基于高等教育三年预算拨款，分教学拨款和科研拨款，教学拨款依照注册学生数量、学生获得的学分数及高校教学质量分配，科研拨款包括基本拨款、专项拨款，为扩大高校自主权，高校在完成预定目标的情况下，结余资金可自主配置。

二是财政投资。政府直接帮助高等教育欠发达地区实施重大高等教育基础设施建设，或直接投资重大高等教育开发性项目。经由政府直接投资，可以改善欠发达地区高等教育发展条件，增强高等教育发展能力，还可提升欠发达地区高等教育人力资本水平，推动其科技进步、经济发展，增进居民收入。美国依据《高等教育设施法（1963）》对公立社区学院、技术学院等高校提供联邦拨款与贷款，推动高校建设图书馆、教学楼与实验室等基础设施，《医疗与教育和解法（2010）》向黑人高校等提供资金用于高校的改造与扩建。日本设立卓越研究中心建设费补助基金，对高校研究基地的建设提供资金，推动一流大学的打造。韩国从2004年起对首都圈以外高校的区域发展技术创新加大资金投入力度，推动首都圈外高校与所在区域共同发展。瑞典研发投入的30%来自政府，2015年的公共研发投入占到GDP的0.8%。

三是税收优惠。为推动社会对高等教育的投入，各国对高等教育的社会投入给予一定的税收支持。美国对高等教育捐赠在所得税征收中有减免，对个人取得的奖学金、社会安全补助金、退伍军人补助金免征个人所得税，给予学生个人所得税额外减免，非营利院校免征财产税；《纳税人救助法》对教育储蓄、终身学习、学生贷款等有优惠的税收减免政策。日本为推动社会参与高校产学研合作，实施研究开发促进税政策、捐赠奖金税收优惠制度，推动各地高等教育的均衡化发展。企业与韩国高校展开广泛合作，高校从企业获得大量的研究性收益、社会捐赠，企业在赞助高校的时候，不仅可以培养企业所需人才，扩大企业社会声望，还能享受税收减免政策，高校也得到了发展所需的资金。瑞典高等教育科研人员在科研活动前三年可享受25%的税收优惠。

四是金融支持。政府从资金融通上给予高校自由。美国高校的收入来源除了学费、捐赠还有基金投资收入，可自主展开基金投资，政府对基金投资收益给予税收优惠，基金投资收益回报率较高，给高校发展带来丰厚的回报。日本高校可以从银行或政府得到贷款，或在日本高等教育财政革新目标下发行大学债券。韩国用少量财政资金、社会捐赠、债券发行及基金收入注资设置私学振兴基金，改善高校基础设施设备。瑞典央行支持的独立基金、私人组织每年向研发活动进行资金注入。

各国推动区域高等教育财政支出均衡配置的举措，政府介入、国家支持是通行方式。虽然各国面对区域高等教育支出不均衡引发的高等教育发展失衡问题，采用了众多政策，有着丰富的经验教训。但伴随经济社会的发展，可以看到高等教育财政支出不平衡、高等教育发展失衡、收入分配差距拉大、经济落差大依然非常普遍。仅仅依靠政府来推动区域高等教育财政支出均衡有一定的局限性，主要有三个方面：

一是均衡举措的不可持续性。各国区域高等教育财政支出的不均衡，高等教育发展的不均衡，是明显存在的，引致沉重的社会问题与经济问题，影响到人类的可持续发展。因此各国在不可持续的均衡举措下，政策初衷虽好，但只会加大高等教育财政支出配置的不均衡，加重高等教育发展的不均衡，扩大了社会与经济发展的失衡。

二是地方政府的创新力欠缺。赋予地方政府更多自主权是普遍的发展趋势，高等教育发展的一条颠扑不灭的经验就是要充分发挥与调动地方政府的积极性与主动性。地方政府是高等教育财政支出的执行关键组织，地方政府更能精准地评判高等教育发展需要，掌握着高等教育发展的较为精确的信息，地方政府的合理规划使高等教育活动参与者能达成有效的合作与互动。区域高等教育财政支出均衡配置需要充分发挥地方政府的创新精神，但高等教育落后地区地方政府的创新力又急需加强，需找寻国家支持和地方政府创新的区域高等教育财政支出均衡配置模式。

三是消除高等教育差距的内聚力匮乏。地域性高等教育差距是人才流动的内在动力，高等教育落后地区人才的外流，加剧了高等教育的分层化，人才更多地涌入高等教育发达地区，加剧了高等教育分层，存在区域间高等教育财政支出与高等教育的双重失衡，高等教育发达地区祈望保持这种高等教育资源配置的优势，使得高等教育落后地区，尤其是民族地区倾向于寻求国家的政策支持，丧失自我发展的动力，一味地等靠要，这时，单一的国家支持型区域高等教育财政支出政策效果甚微，只有在国家主导下实施有组织的制度化高等教育互动，才能增进高等教育财政支出均衡的内聚力，实现高等教育的均衡发展。在高等教育发达地区与欠发达地区的互动中，可将最前沿的高等教育成果运用于欠发达地区高等教育的飞跃发展，并把欠发达地区高等教育发展的实践反馈给发达地区，实现各地区高等教育的共同发展。

二　区域高等教育财政支出均衡配置的基本特征——基于高等教育援藏投入

"十二五"时期，我国区域高等教育财政支出配置的均衡性有所提高，但区域间高等教育品质差距较大、人才孔雀东南飞，"十三五"时期需要进一步明确区域高等教育财政支出均衡配置的重点，增进区域高等教育发展的均衡性。我国实施的"211"工程、"985"工程等建设项目，提高了一批高校的整体实力与国际影响力，提升了高等教育整体水准，但存在身份固化、重复交叉、竞争不足等问题，《统筹推进世界一流大学和一流学科建设总体方案（2015）》的颁布，要高校争创一流，推动一流高校、一流学科的建设，推动高校、学科在各地的均衡发展。其中，为支持西藏高等教育发展，国家实施对口支援，区域高等教育财政支出雪中送炭，直指高等教育落后的西藏，这里从整体上探讨高等教育援藏投入的三个特征。

（一）"先进—落后"二次元的高等教育发展环境

落后地区高等教育发展具有赶超性、外援性、急遽性、鼓动性与综合性特征。（1）赶超性。高等教育欠发达地区借助后发优势，从高等教育发达地区学习引入现代前沿的因素，强化后发追赶战术，以缩短高等教育发展历程，实现腾飞式发展。（2）外援性。高等教育欠发达地区要在短期实现赶超性发展，就要有大量人力、物力、财力的支持，这些支持皆需仰仗外部，且不同于发达地区高等教育开放性特质，欠发达地区高等教育带有内敛性特质。（3）急遽性。高等教育欠发达地区后发赶超进程的急遽革新，欠发达地区企盼高等教育的变革、创新，早日走上快速发展路径。（4）鼓动性。高等教育欠发达地区的发展主要依赖政府自上而下地组织社会，强势配置各种高等教育资源。（5）综合性。高等教育欠发达地区不仅追求学生数量的增加，还要提高人才培养的质量，不仅要教学进步，还要科研发展，不仅要资金上的支持，还要技术上的扶助。

（二）"强政府—弱高校"二次元的发展范式

"先进—落后"二次元的高等教育发展环境必定要以政府为主导，从而形成"强政府—弱高校"的二次元发展范式。实际上，区域高等教育财政支出配置的不均衡部分缘于政府竞争力的差距。政府间竞争与制度变迁紧密相关，制度变迁是政府间竞争的方式，也是政府间竞争的归宿，制度变迁进程反映了政府在竞争下的应对举措，而制度变迁成效决定着政府在竞争中的胜负输赢。区域高等教育财政支出均衡配置客观上要求有竞争实力非凡的"强政府"，但伴随高等教育发展均衡化的演变，高等教育主体的功能也将持续显性化，"强政府"在高等教育财政支出均衡配置的推进过程中要有计划分步骤地培育高校主体功能。

（三）"高校生态系统—社会生态系统"二次元的思维模式

高校生态系统与社会生态系统是一个有机整体，这就需要在资源配置中不仅要考量高等教育生态系统，也要考虑社会生态系统，实现两者的有序包容。从宏观层面看，社会生态系统要求高等教育生态系统在遵循教育发展客观规律的基石之上，主动适应社会生态系统的变化与需要，服从服务于政治、文化、经济的发展要求。从微观层面看，高校生态系统要进行内部的选择性整合，合理配置高校内部各种资源，实现高校内部资源的优化配置，调节高校内部、高校之间资源的导入导出关系，实现区域内高等教育资源管理的整合。

三 区域高等教育财政支出均衡配置的基本架构——基于高等教育援藏投入

面对区域高等教育财政支出均衡配置中的"先进—落后"二次元的高等教育发展环境、"强政府—弱高校"二次元的发展范式、"高校生态系统—社会生态系统"二次元的思维模式等特征，如何建构区域高等教育财政支出均衡配置框架，实现高等教育均衡发展，推动经济增长，提高民众收入，各级政府正在采取措施，但还是需要不断地改进与完善。

（一）国家支持

区域高等教育财政支出均衡配置进而实现高等教育均衡发展必须得到国家支持，这不仅是国际普遍经验，也是我国区域高等教育财政支出均衡配置面临的"先进—落后""强政府—弱高校"和"高校生态系统—社会生态系统"三个二次元共同决定的。区域高等教育财政支出均衡配置进而实现高等教育均衡发展是一个重要的民生问题。从应对民生问题的各国历史经验来看，要较好解决国家的民生问题，多是国家处在一定的经济增长期，这时政府累积了相当的财富，有一定的财力与意愿来解决区域高等教育财政支出非均衡问题，区域高等教育财政支出均衡配置是今后一段时期国家解决民生问题的重头戏。西藏要实现赶超式发展还需大力加强高等教育基础设施建设，更是需要中央政府增加资金配置，西藏的特殊地理环境，使得西藏高等教育发展中，需要中央给出特殊政策，以确保人力、物力与财力的流入，推动高等教育抱团发展，形成推动西藏高等教育赶超式发展的增长极。

（二）地方扶助

区域高等教育财政支出均衡配置在国家支持下要由地方政府主导执行，地方政府有一定的资源动员能力，要通过设置科学合理的政府间横向财政转移支付制度，并运用政策性金融信贷方式，确保对西藏等地区高等教育进行扶助的资金。西藏各级政府也要不断广开财源，为西藏高等教育的稳健发展，争取更多资金，对投资高等教育的企业给予税收、土地使用等方面的优惠，鼓励更多社会资本投入于西藏高等教育，不断扩大高等教育重要性的宣传，吸引社会闲散资金进入高等教育，积极收集信息，争取机会，力争得到国际组织的低息贷款与无偿捐赠，为西藏高等教育发展夯实经费池。

（三）高校援助与合作

教育部、国家民族事务委员会一道颁布的《关于进一步加强教育对口支援西藏工作的意见（2006）》，组织内地35所高校分别对口支援西藏大学、西藏民族大学、西藏藏医学院、西藏警官高等专科学校、西藏拉萨师范高等专科学校、西藏职业技术学院，全面实现对西藏高校的对口支援。教育部于2011年组织17个高校团队，以清华大学、北京大学、中国人民大学、中国农业大学等为组长单位，对口支援西藏大学、西藏民族大学等高校。进行高校间互访互动、管理层交流，帮助西藏高校学科专业发展，采取多种方式帮助西藏高校培养专业人才，以访问学者、挂职锻炼、进修、兼职教师、硕士生导师等形式提高西藏高校教师队伍、管理队伍水平，开展科研合作，联合申报各类科研课题，提升西藏高校科研水平，经由"1+2+1"等形式联合培养本科生、硕士生，援藏干部积极为西藏高校管理体制改革献言建策，提升西藏高校管理水平，派出科研教学水平高的教师到西藏高校任教，纾缓了西藏高校专业教师缺口，还带动培养了西藏高校自有教师的科研教学水准。支持西藏高校图书馆建设，向西藏高校捐赠各类书籍，极大丰富了西藏高校图书馆馆藏。未纳入对口援藏的国家开放大学、上海交通大学、成都电子科技大学自发自觉地支援西藏高校，也带动了其他高校热情加入到支援西藏高校的队伍中来，推动了西藏高校的快速发展。西藏高校在全国高水平大学的支援下，取得了丰硕的发展成绩。但在援藏中，存在着政治挂帅，单靠支援高校自有资金进行投入，资金支持不足等问题。这就需要在不忘政治初衷，维护国家稳定，彰显中国社会主义的优越，体现中国社会合作互助精神的前提下，争取中央政府与地方政府的资金扶助，还要充分发挥支援高校与西藏高校自有的科研教学优势，走产学研一体化的发展道路，在合作中创造社会效益的同时，创造经济效益来广泛开源，还要在合作中不忘节流，西藏地处边疆，与支援高校的合作成本较高，在合作中可以广泛利用互联网技术，实施远程教学，共享科研教学数据库资源，节约交流合作成本，把有限的资金用在刀刃上。

（四）构建合理的绩效评价体系

在支援西藏高校发展过程中，要建立涵盖事前、事中和事后的高等教育援藏投入绩效评价体系，事前做好援藏投入项目的前期论证、规划，防范低水平的重复建设，还要避免不切实际的挥霍靡费，选择成本效益最高的、受援高校切实需要的投入项目，投入过程中，要进行动态的绩效跟踪评估，做到及时发现问题及时解决问题，防患于未然，投入完成后，还要定期对项目运行状况进行评判，做到有始有终，保障资金使用效益，对运作良好的投入项目，可以给予褒赏，追加投入，或在其他地区复制，对运作效益差的投入项目，要追究负责人的责任，予以处罚。经由严格的绩效评价，可以避免脱离实际需要的政绩工程、形象工程，还可以通过科学管理，提升高等教育援藏投入的效益与品质。

区域高等教育财政支出均衡配置的重点区域多为西部地区，这些地区高等教育投入不足，高等教育基础薄弱，经济不够发达，人们收入水平不高，只有贯彻执行中国区域高等教育财政支出均衡配置模式"国家支持、地方扶助、高校援助与合作、绩效评价"的基本政策架构，才能为区域高等教育均衡发展提供强有力的保障，才能为西藏等地区培养留得住、用得着的人才，改变"先进—落后"二次元的发展环境，整合"强政府—弱高校"二次元的发展范式，实现"高校生态系统—社会生态系统"二次元的思维模式融合，切实推动西藏等地区的高等教育发展，进而促进西藏等地区的经济发展，人们收入的提高。

第四节　高等教育财政支出溢出的 GWR 实证分析
——以山西省地级市为例

当今社会，是人力资本竞争的时代，高等教育财政支出对一个国家、一个地区的发展有着重要意义。国内外研究人员对高等教育财政支出及高等教育财政支出溢出展开了广泛的探讨，Kakouris（2016）认为高等教育财政支出同经济增长、创新、收入分配是正向关系。Konopczyński（2014）发现高等教育财政支出对经济增长、收入分配有正面影响[①]。Bauer 和 Vorell（2010）认为高等教育财政支出对收入有正向作用。Mossi 等（2005）认为高等教育财政支出对专利创新有正向效应。Payne（2001）发现高等教育财政支出对创新有正向作用。Black 等（2003）认为高等教育财政支出对收入分配有正效应。Cardak（2004）发现高等教育财政支出对经济增长、收入分配有正面作用。王树桥等（2016）认为高等教育财政支出与技术创新、经济增长间存在正向关联[②]。何亚丽等（2016）、焦晓云（2016）、朱松梅（2016）探讨了高等教育财政支出与收入分配间的正向关系。可以看到，不同的学者运用不同的方法对高等教育财政支出的溢出展开分析。本书在此采用 GWR（Geographically Weighted Regression）模型对2008—2013 年间山西省地级市高等教育财政支出溢出进行分析，探究山西省地级市高等教育财政支出溢出的空间非稳定性，并对空间非稳定性展开假设检验。

---

① Michał Konopczyński，"How Taxes and Spending on Education Influence Economic Growth in Poland"，*Contemporary Economics*，Vol. 8，No. 3，2014.

② 王树乔、王惠、尹洁：《高等教育投入、技术创新与经济增长》，《教育学术月刊》2016 年第 5 期。

一　模型构建依据

Johnes 等（2004）提出教育支出的溢出有经济增长、收入分配、创新，经济增长可以用 GDP 表示，创新可以用授权专利量表示，收入分配可以用基尼系数表示，不管是经济增长也好，创新也罢，最终希望能够增加收入，收入分配更公平，因此依照人力资本理论，建构计量方程来分析地级市高等教育财政支出对收入分配的影响。

$$GINI_{i,j} = \alpha_0 + \beta_1 EE_{i,j} + \beta_2 GDP_{i,j} + \beta_3 PATENT_{i,j} + \beta_4 FE_{i,j} + \varepsilon_{i,j}$$

$$(1)$$

方程中，$GINI_{i,j}$ 代表某一个地级市某一个年份的基尼系数，$EE_{i,j}$ 代表某一个地级市某一个年份的高等教育财政支出，$GDP_{i,j}$ 代表某一个地级市某一个年份的生产总值，$PATENT_{i,j}$ 代表某一个地级市某一个年份的授权专利量，$FE_{i,j}$ 代表某一个地级市某一个年份的财政支出，$\varepsilon_{i,j}$ 为随机扰动项。

二　地理加权回归理论

全局 OLS 回归模型为：

$$y_i = \alpha_0 + \sum_j \beta_j x_{i,j} + \varepsilon_i \qquad (2)$$

地理加权回归模型在全局 OLS 回归模型的基础上进行拓展，可以展开局部的参数估计，模型如下。

$$y_i = \alpha_0(longi_i, lati_i) + \sum_j \beta_k(longi_i, lati_i) x_{i,j} + \varepsilon_i \qquad (3)$$

其中（$longi_i$, $lati_i$）是第 i 个单元的地理坐标，$\beta_k(longi_i, lati_i)$ 是连续函数 $\beta_k(longi, lati)$ 在 i 单元的值。

这里运用 SAM4.0（Spatial Analysis in Macoecology）进行 GWR 分析。研究数据来自《山西统计年鉴（2009—2014）》、《中国教育经费统计年鉴（2009—2014）》、山西省知识产权局网站。

三　GWR 实证分析

先对方程（1）就 2008—2013 年面板数据展开全局 OLS 分析，分

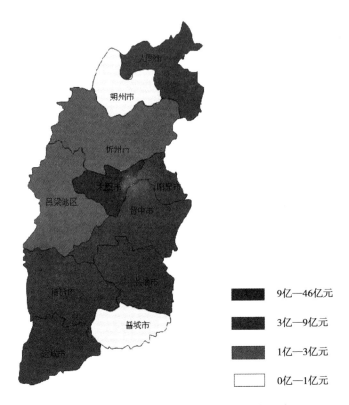

图 4-4　山西省各地级市高等教育财政支出分布

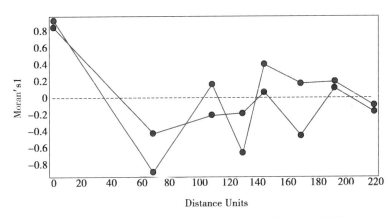

图 4-5　山西省地级市高等教育财政支出和基尼系数的关系

析结果如表 4-8 所示。

表 4-8 OLS 分析结果

变量	估计值	标准差	t 值	P 值
常数项	0.5595	0.002695	207.6451	0.0031
EE	0.000262	0.0333	78.51601	0.0081
GDP	0.000242	0.0647	37.42721	0.0170
PATENT	−0.000525	0.0631	−83.19151	0.0077
FE	0.0000657	0.0288	−22.85154	0.0278
$R^2 = 0.959$	$\overline{R^2} = 0.937$	F 统计值 = 73.3	P 值 = 0.00876	AIC = −210.737

　　从表 4-8 可得到，F 检验表明模型是显著的，按照调整后的系数，模型可以解释 GINI 变动的 99.98%，说明 GINI 可以通过地级市高等教育财政支出（EE）、生产总值（GDP）、专利授权量（PATENT）、财政支出（FE）建模，所有参数皆显著，模型显示高等教育财政支出、经济增长、科技创新、财政支出都对地级市的收入分配有重要影响，相应的弹性估计值是 0.0262、0.0242、−0.0525、−0.0657，表明在其他情况一致的条件下，高等教育财政支出每增加一个百分点，基尼系数就增加 0.0262 个百分点，GDP 每增加一个百分点，基尼系数就增加 0.0242 个百分点，专利授权量每增加一个百分点，基尼系数就下降 0.0525 个百分点，财政支出每增加一个百分点，基尼系数就下降 0.0657 个百分点，表明高等教育财政支出、GDP 增长、财政支出会拉大收入分配差距，而科技创新会缩小收入分配差距，这可以从高等教育财政支出会增加受教育人口的收入，拉大了受教育和不受教育人群间收入分配差距来解释，GDP 增长了，但并非所有人都从中受益，科技创新带来的好处更能够让所有人分享，财政支出结构的不合理，对个人的转移性支付过少可能会拉大收入分配差距。

　　为了探讨山西省 11 个地级市高等教育财政支出的空间非平稳性，对方程（1）进行地理加权回归分析，择取 Gaussian 函数，依照 AIC 最小化原则，进行分析，得到最佳带宽为 137.318 个距离单位，在此带宽下的 GWR 分析结果如下。

表 4-9　　　　　　　　　GWR 系数分析结果

变量	最小值	1/4 分位数	中位数	3/4 分位数	最大值
常数项	0.49769	0.51256	0.52092	0.54357	0.55437
EE	0.00005	0.00026	0.00052	0.00071	0.00086
GDP	0.00007	0.00031	0.00041	0.00062	0.00073
PATENT	-0.0014	-0.0008	-0.00007	-0.00016	-0.00005
FE	0.00003	0.00011	0.00021	0.00027	0.00036
$R^2 = 0.911$		$\overline{R^2} = 0.969$		残差平方和 = 0.09	AIC = -223.807

从表 4-9 可察觉，GWR 分析的 AIC（-223.807）小于 OLS 分析的 AIC（-210.737），依照 Fotheringham 等（2002）的评价要求，只要两种分析方法的 AIC 差超过 3，GWR 分析比 OLS 分析更有效，高等教育财政支出与 GDP 的估计值皆为正值，专利授权量的估计值为负值，与 OLS 的分析结果相同，财政支出的估计值为正值，与 OLS 的分析结果有所不同，说明财政支出对收入分配的影响在全局分析和局部分析中有差异，财政支出对收入分配的影响到底是正还是负，有待于进一步探讨。

表 4-10　　　　　　　　　GWR 分析结果

	常数项	EE	GDP	PATENT	FE	R^2
太原	0.3042	0.0021	0.0032	-0.0001	0.00013	0.991
大同	0.5692	0.0001	0.00012	-0.0009	0.00016	0.871
阳泉	0.2419	0.0002	0.00014	-0.0007	0.00047	0.998
长治	0.5056	0.0001	0.00011	-0.0006	0.00025	0.548
晋城	0.4749	0.0002	0.000092	-0.0022	0.00051	0.903
朔州	0.5246	0.00011	0.000021	-0.0006	0.00043	0.525
晋中	0.4458	0.00016	0.000041	-0.0012	0.00032	0.908
运城	0.6282	0.00005	0.000032	-0.0003	0.00014	0.805
忻州	0.5898	0.000072	0.000027	-0.0056	0.00011	0.988

续表

	常数项	EE	GDP	PATENT	FE	R^2
临汾	0.3975	0.00018	0.000105	−0.0013	0.00021	0.687
吕梁	0.6120	0.00006	0.000103	−0.0014	0.00013	0.708

从表4-10可见，常数项估计值存在显著的空间变异，山西省的太原、临汾、阳泉三个地级市的估计值排在后三位，运城、吕梁、忻州估计值排在前三位。这意味着太原、临汾、阳泉三个地级市高等教育财政支出活动的体制环境，缩小了收入分配的差距，有利于高等教育财政支出的溢出。而运城、吕梁和忻州三个地级市高等教育财政支出活动的体制环境，增加了收入分配的差距，不利于高等教育财政支出的溢出。要推动山西省各地级市的发展，需要合理地调整高等教育财政支出活动的体制环境，更好地缩小收入分配差距。从表4-10还可以发现，常数项估计值低的几个地级市，从地理位置来看，相距较近，存在聚集现象，证明了常数项估计值存在空间变异。

从表4-10第3列可看到，EE的产出弹性存在显著的空间变异，只是分布规律与常数项估计值的分布规律略有不同，常数项估计值小的地级市，EE的产出弹性较大；常数项估计值大的地级市，EE的产出弹性却不算大。地级市的EE产出弹性估计值皆大于0，表明存在高等教育财政支出溢出，但溢出存在着空间变异，表现为各地级市高等教育财政支出对收入分配的贡献度各异，太原、临汾、晋城三个地级市的EE产出弹性排前3位，忻州、运城、大同三个地级市的EE产出弹性排后3位，各地级市EE产出弹性各异的缘由可能是，各地级市高等教育基础、经济发展水平、地方政府财力各不相同，而且各地级市高等教育发展水平不同，有的地级市高等教育财政支出产出处在规模报酬递增的发展阶段，有的则处于规模报酬调整的阶段，譬如太原市由于山西高校主要聚集于此，容积有限，向山西省其他地级市发生溢出，晋中市设立大学城承接太原市高校的转移。同时，高等教育财政支出中，有一部分直接用于专利研发，专利可以使个人及社会从中获得高额回报，从而造成各地级市 EE 的产出弹性不同，而且各地级市高等教育财政支出的溢出范围不同，也会引起各地级市 EE 产出弹性的差异。

　　从表 4-10 第 4 列可见，各地级市的 GDP 产出弹性皆大于 0，进一步表明高等教育财政支出溢出的存在，但溢出依然有着空间变异，表现为各地级市 GDP 对收入分配贡献度的不同，太原、阳泉、大同 GDP 的产出弹性排前 3 位，运城、忻州、朔州 GDP 的产出弹性排后 3 位，这对山西省大多数地级市的高等教育财政支出通过 GDP 的间接溢出提出挑战，因为这种溢出拉大了收入分配差距，同时还存在空间聚集现象，某一地级市与产出弹性高的地级市地理位置上越相近，其产出弹性也较大，比如晋中、临汾、太原 GDP 产出弹性高，这些地级市要么属于山西省的高等教育中心，要么属于山西省高等教育重点投入地区，在收入分配中起到了明显作用。在全局 OLS 估计中，GDP 的产出弹性估计值为 0.000242，而 GWR 中 GDP 产出估计值在（0.00007，0.00073）间，因此全局 OLS 分析结果只反映了山西省部分地级市高等教育财政支出溢出境况，大体上，GDP 参数估计值以太原为中心，向四周扩散。

　　从表 4-10 第 5 列可见，各地级市的 PATENT 产出弹性皆小于 0，表明高等教育财政支出溢出的存在，但溢出依然有着空间变异，表现为各地级市 PATENT 对收入分配贡献度的不同，太原、运城、长治 PATENT 的产出弹性排前 3 位，吕梁、晋城、忻州 PATENT 的产出弹性排后 3 位，这表明山西省大多数地级市的高等教育财政支出通过 PATENT 的间接溢出是非常有利的，因为这种溢出缩小了收入分配差距，还存在空间聚集现象，某一地级市与产出弹性高的地级市地理位置上越相近，其产出弹性也较大，比如晋中、临汾、阳泉 PATENT 产出弹性高，这些地级市的专利授权量在收入分配中起到了明显正面作用。在全局 OLS 估计中，PATENT 产出弹性估计值为 -0.000525，而 GWR 中 PATENT 产出估计值在（-0.0014，-0.00005）间，因此全局 OLS 分析结果只反映了山西省部分地级市高等教育财政支出溢出境况，大体上，PATENT 参数估计值以太原为中心，向周围辐射。

从表 4-10 第 6 列可见，各地级市的 FE 产出弹性皆大于 0，表明高等教育财政支出溢出的存在，但溢出依然有着空间变异，表现为各地级市 FE 对收入分配贡献度的不同，晋城、阳泉、朔州 FE 的产出弹性排前 3 位，太原、吕梁、忻州 FE 的产出弹性排后 3 位，这表明山西省大多数地级市的高等教育财政支出通过 FE 的间接溢出较为不利，因为这种溢出拉大了收入分配差距，还存在空间聚集现象，某一地级市与产出弹性高的地级市地理位置上越相近，其产出弹性也较大，比如晋中、长治、临汾 FE 产出弹性高，这些地级市的财政支出在收入分配中起到了负面作用，有待于进一步调整。在全局 OLS 估计中，FE 产出弹性估计值为 0.0000657，而 GWR 中 FE 产出估计值在（0.00003，0.00036）间，因此全局 OLS 分析结果只反映了山西省部分地级市高等教育财政支出溢出境况，大体上，FE 参数估计值以太原为中心，向周围弥漫。

从 GWR 分析中还可看到模型拟合优度（R^2）也有空间变异。R^2的值在（0.525，0.998）间，全局 OLS 诠释了 GINI 总变异的 91.1%，GWR 最高诠释了 GINI 总变异的 98.8%，最低诠释了 GINI 总变异的 52.5%。有的局部模型较全局模型更好地再现了数据本质，还有的局部模型较全局模型而言，在再现数据本质时有所欠缺。从表 4-10 中可发觉距离太原较近的城市如阳泉、忻州、晋中拟合优度较高，这些地级市高等教育财政支出溢出能够较好地为模型所再现，而距离太原较远的地级市如临汾、长治、朔州的拟合优度较小，这些地级市高等教育财政支出溢出可能还受其他因素的扰动，人口的流动、跨区高等教育、跨境高等教育等可能发生作用，推动高等教育财政支出的溢出。

四　空间变异的显著性检验

根据 GWR 实证分析，可以看到扰动山西省各地级市高等教育财政支出溢出的各变量的参数估计值有一定程度不同的空间变异，各变量皆存在空间非平稳性的分布规律。但还需要进一步验证地理加权回归与全局 OLS 相比，是否更能准确地模拟变量间的关联度，各参数估计集合在所分析的地理区域是否呈现出空间变异。

这里运用方差分析检验来验证 GWR 与 OLS 的优劣。

表 4-11　　　　　　　　　　　　方差分析检验结果

	残差平方和	自由度	均方差	AIC
OLS 残差	0.13	5	0	−210.737
GWR 改进	0.04	5.2	0.00836	
GWR 残差	0.09	55.8	0.00154	−223.807
F 值 = 5.4253			P = 0.003	

表 4-12　　　　　　　　　　　　GWR 的检验值

变量	F 值	自由度	Pr（>F）
常数项	19.304	18.42	1
EE	66.835	18.42	0.559
GDP	68.443	18.42	0.781
PATENT	34.494	18.42	0.201
FE	23.79	18.42	0.302

从表 4-11 可知，GWR 分析比 OLS 分析有较好的改进。GWR 的 AIC 与 OLS 的 AIC 差值超过 3，GWR 的数据仿真比 OLS 更优。从表 4-12 也可以发现 GWR 比 OLS 数据仿真做得更佳，可以看到不同的检验方法皆证实 GWR 比 OLS 更准确地仿真山西省各地级市高等教育财政支出溢出。

表 4-12 中表明参数估计值的确存在空间变异，常数项、EE、GDP、PATENT、FE 在统计中皆显著，因此，山西省各地级市的高等教育财政支出、生产总值、专利授权量、财政支出间在空间上皆存在变异。

五 结论和政策建议

(一) 结论

山西省一直关注于科教兴省，推动山西高等教育发展，带动经济发展与科技进步，缩小收入分配差距，但在高等教育发展中，由于各地级市高等教育发展基础、发展程度、经济基础、科技实力、财政能力有着差异，进而出现各地级市收入分配的差异。通过地理加权回归方法分析高等教育财政支出溢出，证实了各参数的估计值存在空间上的非平稳性。具体结论如下：

（1）高等教育环境确实对高等教育财政支出溢出有重要扰动。常数项估计值的空间分布显示出常数项估计值高的地级市地理位置较为接近，常数项估计值低的地级市地理位置较为接近，表明高等教育财政支出溢出存在聚集现象，说明需要打造高等教育发展的良好环境。

（2）高等教育财政支出的产出弹性估计值与常数项参数估计值的空间分布规律有所不同，常数项估计值低的地级市，EE 的产出弹性较高，常数项估计值高的地级市，EE 的产出弹性较低，地级市的 EE 产出弹性估计值皆大于 0，表明存在高等教育财政支出溢出。但这种溢出有着空间变异，对收入分配的影响度各有不同。

（3）山西省各地级市 GDP 对高等教育财政支出溢出贡献度有差别，这种溢出程度在各地级市也不同。位于太原市周边的地级市 GDP 产出弹性较大，拉大了收入分配差距，而与太原市距离较远的地级市 GDP 产出弹性较小，缩小了收入分配差距。表明需要加强对山西省高等教育不发达地区的支持力度，不发达地区高等教育发展了，经济增长了，对缩小收入分配差距的作用更大。

（4）山西省各地级市科技发展对高等教育财政支出溢出的贡献度有别，且溢出程度也有别，PATENT 的产出弹性都小于 0，表明科技进步有利于缩小各地级市的收入分配差距。专利授权量产出弹性接近的地级市地理位置也较为接近，存在聚集效应。

（5）山西省各地级市财政支出对高等教育财政支出溢出的贡献大

小各不相同，溢出水平也有所不一，表明不合理的财政支出规模与结构，会降低高等教育财政支出的正向溢出。

（二）政策建议

1. 增加高等教育财政经费投入

山西省高等教育经费绝对值在增加，但与其他地区相比，高等教育经费远低于高等教育发达地区譬如北京、上海、广东，需要增加对高等教育的财政资助力度，进而缩小收入差距，形成高等教育财政投入的良性循环。这对山西未来的经济发展、科技进步、争创双一流高校、改善收入分配都是非常有利的。

2. 推动高等教育财政支出利益归宿的均衡化

山西省各地级市高等教育财政支出加大了收入分配差距，有一个缘由是高等教育财政支持利益归宿的非均衡，导致高等教育的受教育者和未受教育者间收入分配差距的拉大，高等教育的受教育者间收入分配差距的拉大。这就需要对弱势群体加大财政支持力度，从而降低弱势群体接受高等教育的投资成本，增进高等教育的起点公平。

3. 提升高等教育财政支出的使用效益

通过有效使用高等教育财政资金，增进劳动者的素养与生产效率，培养大量的高素质的人力资本，为经济增长提供丰厚的人力资本，实现经济的可持续发展，进而为收入的整体提高打下坚实的基础。

4. 发展科技自主创新能力

科技创新对收入分配有着正向作用，高等教育承担着创新人才培养的艰巨使命，充分利用高等教育的资源优势，依照经济社会发展的需要，推动科技成果的转化应用，推动高等教育的产学研一体化，提升生产力，推动经济增长，让更多的人享有经济发展成果，缩小收入分配差距。

5. 合理调整财政支出的规模与结构

省域的财政支出主要集中于省会城市，省会城市在省域财政支出分配中占据优势地位，进而拉大了地级市间的收入分配差距，因为需要均衡省域财政支出在各地级市间的分配，且财政支出要更多地向民生领域如社会保障、教育方面倾斜，从而缩小地级市间的收入分配。

第五节　县级市高等教育财政支出国际化研究
——以新疆石河子与贵州凯里为例

中国高校主要聚集于省会城市，在县级市高校通常数量不多，高等教育财政支出相应也不够多，如作为县级市石河子市拥有石河子大学、石河子职业技术学院、石河子广播电视大学共3所高校，作为县级市的凯里市拥有凯里学院、贵州电子信息职业技术学院、黔东南民族职业技术学院共3所高校。县级市高等教育财政支出国际化发展情况如何，在引领地方经济发展、社会收入水平提高方面的作用如何，这是此处研究所关注的焦点。

一　新疆石河子和贵州凯里高等教育财政支出国际化导向的背景

（一）地理优势

石河子市地处中国西部新疆，新疆作为中国"一带一路"倡议向西开放的前沿阵地与西部区域经济"发展极"，有5600多公里的陆地边界，同8个国家相邻，有37个对外开放口岸，乌鲁木齐国际机场发展为中国第四个国际空港，公路、铁路连接中亚各国，交通通信便捷。新疆社会稳定，经济、文化等事业蓬勃兴旺。石河子位于天山北部、玛纳斯河旁，良好的地理优势，再加上和善的社会、发达的交通、低廉的留学费用，为石河子高等教育财政支出国际化导向添助一臂之力。

凯里市地处贵州东南部，贵州作为长江经济带的上游地区，长江经济带的下游地区需要实施结构升级与产业转移，贵州拥有丰富的能矿资源、水资源，良好的气候生态环境，贵阳龙洞堡国际机场，发展为中国西南地区第四家国际空港，高速公路、高速铁路、2017年全线开通的乌江航运，便捷的交通网络，贵州还与深圳、广西、云南、湛江签订了《口岸大通关合作协议》，对高端产业与高端专业人才有极强的吸引力。贵州是中国和东南亚交流的前沿战线，在中国—东盟自由贸易区中有着特殊地位，与东盟国家在地理距离上较为接近。凯里市为黔东南苗族侗族自治州的州府，为贵州经济较为发达的县级市，人性化的高校管理制度、各类留学生奖学金制度，都体现了凯里高等教育财政支出的国际化导向。

（二）文化优势

新疆有 47 个民族，其中有 13 个为世居民族，民族间交流历史悠久，新疆民族文化在交互作用下，具备多元文化特质，与中亚各民族的风俗习惯接近、语言互通、生活相近，周边国家留学生在新疆能够较快融入当地社会。石河子市作为新疆生产建设兵团的军垦城市，社会稳定度高，普通话水平高，整体受教育水平高，留学生、外籍专家可以在良好的环境下生活学习。

贵州有 49 个民族，其中有 17 个为世居民族，民族文化博大精深，对留学生有着极强的吸引力，凯里市所在的黔东南苗族侗族自治州，有着丰富的原生态苗侗文化资源。中国苗族与老挝苗族有着悠久的历史渊源，侗语与老挝语同为汉藏语系侗台语族。亲属语言关联与接近的生活习惯，老挝留学生对贵州黔东南地区油然产生亲近感，在凯里生活学习的跨文化交际较为顺畅。东盟国家汉语国际推广非常活跃，贵州与东盟国家地理位置上的临近，东盟国家深受儒家文化、佛教文化影响，节日习俗相近，使得凯里成为东盟国家留学生在华学习汉语的一个重要基地。

（三）学科和专业优势

改革开放以来，新疆高等教育兴旺发展，积累了雄厚的学术基础，打造出昭著的学科特色，石河子大学在医学、农学、动物学、植物学等学科专业上有着显著优势，对新疆周边国家有着较强的魅力，加上新疆的地理位置，使新疆一直和周边国家在语言、文化、宗教、经贸、文学艺术、医药医疗、音乐舞蹈等领域有着紧密的交流，拓展国际高等教育交流与合作的潜力无限。

贵州高等教育在国家的大力支持下，在材料物理与化学、人类学、植物学、旅游管理等学科专业上优势突出，尤其是人类学研究中积累了显著的民族文化特色，民族语言研究有着深厚的学科功底，凯里学院的《原生态民族文化学刊》为中国第一家宣传、研究原生态民族文化的专业学术期刊，对国际留学生有较强的吸引力。

（四）战略优势

随着中国经济的发展、丝绸之路经济带的推进，新疆必会迎来经济大步前进的新高潮。国内外跨国公司或个人为开辟广阔市场，必会拓展和新疆的经贸合作。国外企业在运作中，需要掌握汉语，了解中国国情，熟悉中国政治、文化、贸易、法律与社会生活境况的人才，中国企业要走出去，也需要了解丝绸之路经济带上国家境况、具备跨国交际才干的人才。因此，在丝绸之路经济带战略的推动下，新疆经济必将会飞跃式发展，发展对人才的需求必定会推动石河子高等教育财政支出的国际化发展。

伴随中国经济的进步，长江经济带、"一带一路"倡议的推进，贵州经济增速大幅提升，进一步贯通贵州高等教育国际交流的通路，在社会为贵州高等教育发展带来政策优势、极大推动高等教育发展空间之时，高等教育也通过为社会培育更多跨国型人才的方式回应中外社会。牢握"一带一路"倡议时机，凯里高等教育财政支出国际化发展不仅能补足当前国内高等教育的体制缺陷，还能通过与东盟国家的交流互鉴，增进相互间的了解，软性调和国际矛盾与国际冲突。

二　贵州凯里和新疆石河子高等教育财政支出国际化制度的文本内容

《国家中长期教育改革和发展规划纲要（2010—2020 年）》主张要加强国际交流与合作，引进国外卓越高等教育资源，推动我国高校海外办学，大力建设孔子学院，健全公派出国留学机制，增进外国留学生规模，强化和联合国教科文组织等的合作，主动参与双边、多边高等教育合作，主动参加区域性、全球性高等教育合作，增进内地和港澳台地区的高等教育合作交流。《中西部高等教育振兴计划

（2012—2020 年）》主张，中西部高校要用好用足中国—东盟教育交流周、中国—阿拉伯国家高校校长论坛等平台，大力推广同周边国家高等教育合作交流，在高校对口支援中构建支援高校、受援高校和国外高校的多头合作交流模式，提升中西部高校对外合作交流程度。

《新疆维吾尔自治区中长期教育改革和发展规划纲要（2010—2020 年）》坚持，要增进和中亚、周边国家的高等教育合作交流。大力建设汉语国际推广中亚基地、孔子学院，增进国际教育服务水平、办学水准，增强来华留学生高等教育品质。强力建设留学生教育的基础能力，增加周边国家来华留学生政府奖学金，扩展留学生规模。增强高等教育国际援助，为周边发展中国家培育专门人才。把新疆打造为面向中亚的人才培养基地、周边国家学生留学中国的重要目的地，提高新疆在周边国家及国际上的高等教育声望。《新疆维吾尔自治区国民经济和社会发展第十三个五年规划纲要》指出要全面发挥新疆多元文化特质，以教育、文化、科技等为重点，推进同周边国家的切实合作，增进和丝绸之路经济带沿线各国人民的互动。增强和丝绸之路经济带沿线国家，尤其是和周边国家间的交往，把新疆打造为丝绸之路经济带的高等教育中心，丝绸之路经济带发展战略研究智库，周边国家来华进修、交流的基地与国际化人才培养的目的地。借助中国亚欧博览会与上海合作组织，建构丝绸之路经济带沿线国家间的国际教育交流合作机制，定期召开丝绸之路国际教育展与各种教育论坛等活动。加强孔子学院建设，推进汉语国际教育活动，传承中国文化。推动新疆和周边国家、丝绸之路经济带沿线国家合作办学、留学互访，增进新疆维吾尔自治区政府来华留学生奖学金支持规模，激励外向型企业在新疆高校设置来华留学生奖学金项目，增加公派出国留学人员数量。开展留学中国新疆计划，打造高校丝绸之路国际合作学院与交流中心。在新疆设置留学生预科基地、来华留学生示范基地、援外培训基地，增加新疆高等教育对外开放能力。施行丝绸之路经济带国际合作人才培养工程，推动展开职业技能培训、创业能力提升等合作。在新疆高校、科研院所打造国际水准的专业研究机构，做出具有国际影响力的科学研究成果。《新疆生产建设兵团国民经济和社会发展第十三个五年规划纲要》提出要积极融入新疆丝绸之路经济带核心区的构建，加快推进走出去战略，建构全方位的对外开放格局。基于八师石河子市的人文优势，主动介入新疆文化科教等服务中心建设，打造丝绸之路经济带的人文交流平台，加强和周边国家文化、教育、科技等方面的合作，实施多层次文化交流，开展重大国际文化、科技合作项目，加强在高等教育、职业教育上的跨国合作，建设文化交流中心。2014 年第二次中央新疆工作座谈会上，习近平总书记指出新疆发展教育优先，民生优先，国家加大对新疆、生产建设兵团高等教育对外开放的支持力度。这些政策的颁布，给石河子高等教育财政支出国际化发展带来了天赐良机。

《贵州省中长期教育改革和发展规划纲要（2010—2020 年）》提出，要积极推动高等教育国际交流合作，办好中国—东盟教育交流周，主动介入区域性高等教育合作。激励高校发展建设中外友好交流学校，引进国外高等教育先进理念、引入高等教育优质资源，更多聘任外籍教师，提升外语教学水准，增加高校专业课外籍教师的占比。设置贵州省来黔留学生奖学金，提高接收来黔留学生学校数目，扩充留学生数量。推动贵州省优势学科、特色学科对外交流及汉语国际化推广活动。增进和联合国教科文组织、多边国际组织的高等教育合作，增强和港澳台地区的高等教育交流合作，合理监管与引导高等教育涉外活动。施行西部人才培养特别项目，建构贵州省公派出国留学奖学金，增加公派出国留学规模。《国务院关于进一步促进贵州经济社会又好又快发展的若干意见（2012）》指出，贵州要大力对外开放，积极利用中国—东盟自由贸易区、泛珠三角地区、大湄公河次区域（Great Mekong Subregion Cooperation，GMS）等平台，主动参与南亚、东南亚等跨国区域合作，贵州高校要积极开展跨国联合办学，提升对外开放水平。2010 年贵州承办的首届中国—东盟教育部长圆桌会议上通过的《中国—东盟教育部长圆桌会议贵阳声明》，支持创新中国—东盟人文交流合作机制，构建高层协商制度，切实贯彻践行 2020

年中国到东盟留学生与东盟来华留学生皆增至 10 万人的双十万计划。2016 年《中国—东盟教育合作行动计划（2016—2020 年）》，为中国和东盟间第一个教育范畴的 5 年活动规划，内容包括高等教育、职业教育、学生交流、智库合作等领域。《贵州省国民经济和社会发展第十三个五年规划纲要》提出，仰仗贵州地处长江经济带、位于"一带一路"接合部的地缘优势，主动参与中国—中南半岛经济走廊、孟中印缅经济走廊开发，加强和东盟国家在高等教育等方面的合作。《中共黔东南州委关于制定黔东南州国民经济和社会发展第十三个五年规划的建议》支持凯里学院等高校优化学科专业结构，达成内涵式进步。为凯里加强同东盟国家的高等教育合作夯实基础且制定了战略规划。

石河子和凯里高等教育财政支出国际化的合作对象和合作方式略有不同，石河子的合作对象主要是丝绸之路经济带沿线国家中的周边国家，新疆与周边国家相比较而言，高等教育略显发达，发挥地理优势地位推动高等教育财政支出国际化的目标为服务服从于国家政治大局、增进区域经济贸易的发展，增强中国高等教育的影响力、文化的感染力，赢得周边国家对中国的认可与了解，纾解对中国的负面看法，因此，石河子高等教育财政支出国际化手段主要为引进人才、支持出国留学、汉语言推广、招收周边国家的留学生。凯里高等教育财政支出国际化的合作对象主要是东盟国家，中国—东盟间的文化、社会、经济交流持续增进，中国东盟一体化发展急需一体化的人才，伴随着海上丝绸之路战略的推进，中国与东盟国家皆需求具备大自由贸易区的视域、国际化眼界、具有国际竞争力的跨国人才，培育中国—东盟自由贸易区经济发展所需人才，是凯里高等教育财政支出国际化的目标，凯里高等教育财政支出国际化手段有精英引进、出国进修、汉语言传播、招收东盟国家的留学生，同时由于凯里所在的黔东南州民族文化的魅力，凯里学院的民族语言学习与研究也是一大特色，对留学生有较强吸引力。

三　新疆石河子和贵州凯里高等教育财政支出国际化的分析

石河子高等教育财政支出国际化的主要执行高校是石河子大学，凯里高等教育财政支出国际化的主要执行高校是凯里学院。所以这里主要从这两所高校展开分析。

2002 年起，石河子大学先后和日本大学、日本岩手大学、韩国忠南大学、东哈萨克斯坦谢里克巴耶夫国立技术大学、新西兰 Massey 大学等国外高校、科研院所签订合作协议。石河子大学邀请美国、日本、新西兰等国生态学、生物学、免疫学方面的知名学者进行讲学、交流，与国外专家开展科学研究合作，和新西兰 Massey 大学学者联合开展国家科技部国际科技合作研究项目。国务院侨务办公室组织的海外人才为国服务博士团、美国国家科学院院士、澳大利亚 Curtin 大学教授为石河子大学作学术讲座百余场次。

石河子大学大力支持教师出国进修深造、访学，学习国外先进教学理念、先进科学技术，通过国家留学基金委西部人才特别培养项目、俄罗斯艺术专项、欧亚太平洋学术网络组织博士生奖学金等项目，派遣百余名教师到国外学习。还积极派遣教师到国外参加生态学、医学、农学、生物学等领域的学术会议，进行学术交流。

石河子大学组织学生通过《1+2+1 中美人才培养计划》、林肯大学联合培养项目等途径赴境外留学，《1+2+1 中美人才培养计划》为中美高等教育合作项目，参加该计划的中方高校遴选本科一年级学生到参加该计划的美方 18 所高校上大二、大三的课程，再在中方高校上大四的课程，毕业时可拿到中方高校的本科毕业证书与学士学位证书和美方高校的学士学位证书。Lincoln 大学联合培养项目为石河子大学和美国 Lincoln 大学共同推出的校际交流项目，由石河子大学遴选本专科学生送至美国 Lincoln 大学学习，学生可得到 50% 的学费减免，毕业时可拿到石河子大学的学历学位证书和美国 Lincoln 大学的学位证书。为推动学生出国留学，石河子大学专门开办 IELTS 培训班。为开拓学生眼界，石河子大学还举办美英韩三国游学活动，赴 Harvard

大学、Cambridge 大学、Seoul 大学的冬令营活动。

石河子大学自 2002 年起招收留学生，2010 年获取中国政府奖学金招生资格。来石河子大学留学的学生多来自中亚国家，且规模增加较快，哈萨克斯坦与吉尔吉斯斯坦留学生占比较高，印度、巴基斯坦等国来石河子大学留学的学生规模在上升，中亚留学生主要是学习汉语，印度、巴基斯坦等国的留学生主要是学习临床医学、中医专业。来石河子大学留学的学生中主要是语言生、普通进修生、短期生、高级进修生。虽然有中国政府奖学金可以资助留学生，但毕竟名额有限，自费生占比较多。

石河子大学自 2006 年起，先后承办商务部援外人力资源培训项目，丝绸之路经济带沿线国家经济贸易合作培训班、上海合作组织成员国公共行政管理研修班、亚欧国家绿洲农业与节水灌溉技术培训班，截至 2015 年，石河子大学培训了 14 个国家的 400 余名官员，援外培训工作得到商务部、兵团商务局及参训学员的交口称赞。援外培训扩大了石河子大学的国际声望，推动了石河子大学双语师资队伍的建设。

石河子大学在哈萨克斯坦设立卡拉干达国立技术大学孔子学院，推动中国与哈萨克斯坦间的教育合作，使哈萨克斯坦人民可更充分地熟悉汉语与华夏文明，增进两国的友好关系。哈萨克斯坦人还可通过孔子学院奖学金的资助来中国学习汉语。

石河子大学充分发挥区位优势和特色优势，不断推动国际化发展，先后和韩国、日本、美国等国家与地区的机构展开交流合作，招收国际留学生，举办国家商务部援外人力资源培训活动，聘请外籍教师，派出教师到国外深造。参与国际科技合作项目，在国外设置孔子学院。石河子大学的国际化发展，推动着石河子大学内涵式发展，提高了石河子大学的国际影响力。

凯里学院大力加强与国外高校的交流合作。凯里学院和美国 Auckland 大学一道举办暑期英文培训班，还和泰国四色菊皇家大学，苏南拉里理工大学、日本神户日本语学院、京进语言学校、福山大学、台湾万能科技大学、大叶大学、中原大学、东南科技大学、朝阳科技大学、嘉南药理大学、树德科技大学、环球科技大学、建国科技大学、马来西亚北方大学、新西兰奥克兰商学院、韩国庆州大学、安阳大学、韩国艺术院、柬埔寨亚欧大学、越南河内经济技术大学签署合作协议。凯里学院和美国 Pace 大学、泰国苏南拉里理工大学、泰国丝莎琪皇家大学展开合作办学项目。组织学生参加东盟国家文化夏令营活动，从而更好地了解东盟国家的风土人情，展示黔东南地区的民族风情。

凯里学院自 1992 年起开始招收外国留学生，分别来自美国、德国、新西兰、奥地利、加拿大、韩国、老挝、泰国等国家和地区。开设语种有汉语、苗语和革语。每年招收 100 多名东盟、美国等留学生，其中老挝学生占比 90% 以上，而且从 2014 年起，凯里学院才开始到各国进行实地招生宣传，提高了凯里学院的影响力，也招徕了更多的留学生，凯里学院每年也有 100 多名学生到境外交流学习。

凯里学院在 2016 年中国—东盟教育交流周期间承办中国—东盟教育交流周分项项目——"东盟（中学）校长访华之旅暨东盟学生夏令营"活动，更充分地向东盟国家宣传贵州及黔东南，搭建凯里学院同东南亚国家中学校长学生沟通平台，展示凯里学院的办学特色、优美的校园、和谐的民族风尚，增进凯里学院对东盟国家学生的吸引力。凯里学院积极参加在韩国首尔、柬埔寨金边、越南河内举办的 2016 留学中国（贵州篇）教育展，在境外展示对外开放办学中的累累硕果，与有关高校达成合作协议。

凯里学院于 2010 年设置院士专家工作站，通过工作站聘请英国植物多样性保护科学家 Hamilton 等为凯里学院院士专家，邀请院士专家到凯里学院进行学术讲座、科研合作，推动凯里学院教师到院士专家所在科研院所深造、合作交流。

2016 年凯里学院选派教师参加第一届贵州省对外汉语教师培训班，推动凯里学院教师对外汉语教学能力的提升，打造高水平的对外汉语教学教师队伍。

凯里学院积极组织教师通过国家公派出国留学项目等渠道出国深造，提高教师的国际化视野，引入先进的教学理念，学习前沿的科学技术理论。

凯里学院高度重视国际化发展，主动利用贵州省承办的中国—东盟教育交流周平台，积极承办各种教育论坛、研讨会等活动，宣传高校的学科优势、办学理念等，吸引东盟学生留学凯里，并同东盟高校签署教育交流、师资共享、合作办学等协议，向东盟国家派遣汉语教师，到东盟国家高校任教、访学，弘扬华夏文明，引进国际课程体系，加快凯里学院的国际化办学速度。教育部自2012年起把贵州省纳入边境省份中国政府奖学金自主招生计划，每年可招收20位中国政府奖学金留学生。贵州省从2013年起开始设置外国留学生奖学金，还设置了贵州省东盟留学生专项奖学金，2014年起在贵州全省施行。凯里学院也依照自身状况设置奖学金，每年给予优秀留学生一定金额的奖励，还对留学生给予生活、学习与就业上的扶助，同时凯里学院还设立东盟语种专业，举办东盟国家交流活动，让师生更为了解东盟国家，为深化凯里学院与东盟国家的高等教育合作交流打下坚实基础。

四　新疆石河子和贵州凯里高等教育财政支出国际化的认同机理

（一）质量为本是价值导向

高等教育财政支出国际化以全面提升高等教育质量为指南，高等教育担负创新传播文化、推进社会进步、开发科技的社会职责，在社会信息化、经济全球化时代，政府在拟制高等教育财政支出政策时需参照他国经验，高校要提升办学水平，发挥文化创新传播、科学研究、人才培养、社会服务作用，需借鉴国外高校的卓绝理念与表率经验，学生需要开阔视野，企盼领略国外先进知识，获得参加跨国活动的才干，教师要不断获得学术进步，就需要及时通晓专业学科的国际前沿动态，不断升华自身知识结构体系。因此，在经济、信息全球化的背景下，任一国家皆难以只靠自身力量就达成全面提升高等教育质量的目标，只有经由交互的合作、学习、借鉴，才能取长补短、互通有无，不断提升自身高等教育品质，推进高等教育的快速发展。

（二）利益契合是设计逻辑

高等教育财政支出的国际化导向推动着本土高等教育密切关注全球高等教育并主动参与其中，逐渐扩展本国政治的国际影响力，维系高等教育主权，增进民族认同，促进彼此理解，推动世界和平，国际高等教育亦为本国政治外交政策的重要构成与传播介质，是解决本国所面对的各种挑战的基石，是公共外交正常化的重要构成，是实现国家政治利益的重要手段。随着高等教育国际市场的发展，经济利益逐步占据主导位列，高校为获取高额的学费收入施展浑身解数展开无硝烟的激烈竞争。高等教育的输出可以给本国带来巨大的经济收益，除了学费收入，还有生活费、家庭消费，更有长期的经济收益，国际学生发展为巩固与增进本国文化传播、经济建设的人力资源。

（三）走出去引进来是作用机理

高等教育财政支出国际化非单向流动，而为双向互动。只有在平等互利的基础上，引进和输出齐头并进，互利互惠的国际化才能持续发展下去。在利用国外优质高等教育资源之时，也要注重开发国内优质高等教育资源，不仅要熟悉世界，也要让世界认识本国，不是一边倒的西方化。中国作为重要的发展中国家、全球第二大经济体，国际话语权和世界治理能力的增强，"一带一路"倡议等的实施，对高等教育财政支出国际化进程提出殷切要求。正如习近平总书记所要求的，高等教育国际化要顺应国家发展势头及党与国家的工作时局，全面统筹部署规划出国留学与来华留学，整合运用国内国际两类高等教育资源，培育更大规模的优秀人才，全力开拓留学工作形势。在国际化过程之中，既要鸟瞰世界，学习领悟国际卓越的办学理念，还要坚持本土特色，明晰自身定位，如此才能在国际化进程中最终形成顺应自身实情的办学特色，才能在国际化中不至于迷失方向，捍卫自身的民族性。

高等教育财政支出国际化中，还存在财政经费分配的不均衡，财政经费不能满足高校国际化发展的需要，这时就要广开财源，经由外部渠道引资的手段来解决国际化所需的经费问题。高校要分析自身发展中的优势与劣势，依照国际化发展的战略需要，有的放矢地找寻外部资源。不但要发动校友资源，还要充分了解国内外可争取的各方资源，譬如企业、合作院校、外国使领馆、非政府组织、国内外基金会等。高校在筹措外部资金时，应对经费在国际化中的用途与使用方式进行合理安排，从而弥补财政拨款不足的缺陷。

第六节　大学城新常态：高等教育密集区高等教育财政支出的逻辑与前景

Auronsseau（1921）提出大学城的概念[①]。Harris（1943）认为大学城的大学一年级学生注册人数至少为该城市人口的 25%—60%[②]。Nelson（1955）用主导职能来判断大学城。当今的大学城指多个高校在空间上聚集在一起，具备教育、社会服务、产业职能的城市[③]。有的大学城是在市场规律和高校自身发展需要的共同作用下形成的自发型大学城，譬如英国的 Oxford 大学城、Cambridge 大学城，德国的 Goettingen 大学城、Heidelberg 大学城，美国的 California 大学城。还有的大学城是在地方政府、高校、企业共同推动下形成的规划型大学城，譬如日本的 Tsukuba 大学城，美国的 Missouri 大学城。

这里分四个部分来对大学城的区域高等教育支出展开理论研究。第一部分基于长周期的视域，对全球的旧、新大学城发展及其演变逻

---

① Aurousseau M., "The Distribution of Population: a Constructive Problem", *Geographical Review*, Vol. 11, No. 4, 1921.

② Harris C., "A Functional Classification of Cities in the United States", *Geographical Review*, Vol. 33, No. 1, 1943.

③ Nelson H. J., "A Service Classification of American Cities", *Economic Geography*, Vol. 31, No. 3, 1955.

辑展开鸟瞰式探析，旨在为分析中国大学城地理区域高等教育财政支出的阶段性演进提供全球背景。第二部分探讨中国大学城地理区域高等教育财政支出面对的主要挑战。这些挑战，实际是长期存在于中国高校发展方式与发展结构内部各种矛盾的显化。第三部分探讨大学城发展的地理区域高等教育财政支出愿景，大学城的建设推动着经济发展、收入提高，为实现此目标需要对地理区域高等教育财政支出施行革新。第四部分是结语，以对呈贡大学城、松江大学城、广州大学城展现出的新气象的分析，验证本书的基本结论。

一　大学城的演变：长周期的视域

研究大学城，必须要从大学城的发展着眼。只有对大学城的特征、表现形式、实体根源及其内在矛盾有深刻的把握，才能明晰大学城的前世今生、未来发展态势。

探讨中国的大学城，就得提及世界上的大学城。个中缘由，乃高等教育的发展不可能逃避高等教育全球化的影响，国内高等教育运行多少都会受到全球高等教育发展演变的影响。因此，把握世界大学城的发展态势，才能更为深刻地体会中国大学城的发展路径及未来发展走向。

这里先概述世界大学城的发展状况，再对世界大学城的发展走向展开系统分析。

（一）早期大学城顺势而为

伴随城市社会经济与高等教育的进步，一所或多所高校聚集于某一地区，规模不断增加，高校内部或周边聚集了一定规模的人口，主要开展第三产业活动，在高校的校园内或校园周边形成具备一定规模的城市。顺势而为所自发形成的大学城，主要表现为高校规模大，城镇化，大学城与所在城市水乳交融。

顺势而为的大学城是一系列因素交错作用的产物。第一，社会的需要。根据社会需要展开教学活动，满足社会的职业期盼，使居民获得从事专业性工作的能力。第二，科技进步的需要。大学城有高校，吸引与集聚着人才,培育的人才规模与层次伴随大学城扩张而扩大,人才是科技创新的源头,推动科技创新,推进科技成果的交流。第三,经济发展的需要。大学城的发展历程和经济进步是一体的,经由大学城的建设可改善城市与产业布局、人口区域分布结构、改进人口素养等。高校驱动着大学城经济发展,大学城的集聚效应促进着区域经济发展,大学城通常是所在区域的经济"发展极",高校自身就是一种重要的资源,对所在区域的发展和声望有着重要影响。高校、科研院所形成了大学城的核心竞争力,确保着大学城的可持续发展,高校可为所在区域带来教师、学生与技术。高校通过自身的活动在大学城与外界搭建起沟通的桥梁,大学城是高校科研成果转化与应用的基地与受益者。第四,文化传播的需要。大学城在文化传播上具有很强的辐射能力,高校不仅培育学生,还开展科研活动,服务社会,大学城多建在交通、通信便利的地区,与外界的交流方便快捷。大学城的人口以青年学生为主,来自五湖四海,本身就是多元文化的体现,有着特殊的市场需要,推动大学城内第三产业的发展。

（二）后期大学城有意而为之

在顺势而为所自发形成的大学城之外,政府常常为大学城建设的重要推手,政府、高校与企业各方共同参与,彼此合作,统一部署,一道构建,从而形成有意而为之的规划型大学城。有意而为之的规划型大学城,主要表现为政府行政主导,区位上有优势,建设高效。

规划型大学城由政府主导,政府是大学城规划建设的主体,是大学城投入的主体,还对入驻大学城的科研院所、企业给予优惠贷款、税收减免、财政补贴等支持政策,科研院所、企业的搬迁都在行政指令下行事。大学城在选址上具有区位优势,通常离中心城市不远,周边还有充裕的土地资源可供利用,大学城的继续拓展还留有余地。大学城在政府主导下运作建设,效率较高,但过多的行政干预,强令科研院所、企业搬迁,投入产出不对称,出现市场失效。

（三）长周期的诠释

Arthur（1978）[①] 对经济周期依照时间长短分为 4 种周期，短周期 3—5 年（Kitchin 周期），中周期约 8—10 年（Juglar 周期），建筑周期 约 15—25 年（Kuznetz 周期），长周期约 50—60 年（Kondratieff 周 期）。自 18 世纪工业革命以来，世界经济历经多次长周期：第一次长 周期是 1780—1851 年，第二次长周期是 1851—1896 年，第三次长周 期是 1896—1945 年，第四次长周期是 1946—1990 年，第五次长周期 是 1990—2030 年，2008 年全球金融危机宣告第五次长周期由繁荣走 向衰落，衰落可能会持续 10 年或更长。我们正处于第五次长周期的 衰落期，经济长时期紧缩，又孕育着第六次长周期上升期的到来。

大学城是拉动经济增长的长周期变量。大学城的建设同建筑周期 相近，高校人才培养年限 2—5 年，同短周期相近。若能得当的配合， 大学城的建设、高校的人才培养可适当利用经济周期的波动，更好地 服务于经济建设。

作为拉动经济增长的大学城具有如下属性。一为价值体量大；二 为有不间断的市场需求；三为产业链条长，有较强的产业带动性，大 学城建设虽以房地产、土地开发为先行领域，但大学城的科学技术、 科学研究所形成的产业链，对区域发展有着持久的驱动力；四为大学 城拥有的行业与新材料、新工艺、新技术密切关联。各国大学城发展 实践都表明，大学城为驱动经济增长的长周期变量，是推动经济发展 的新势力。大学城保持着旺盛的生命力，在上升通道中，可拉动经济 持续增长。

二　中国大学城发展中面临的区域高等教育财政支出矛盾与挑战

中国正处于从中等收入转向高收入发展的转变阶段。此转变为发 展战略的变换、发展方式的变化、发展动力的调整，要实现经济进步

---

① Lewis, W. A., *Growth and Fluctuations, 1870—1913*, London: Allen & Unwin, 1978, p. 68.

的升级转化。在此转变中，会遭遇中等收入陷阱的挑衅，要实现此转变需要较长时间，世界经济从第五次长周期向第六次长周期过渡，与中国经济从中等收入向高收入转变交互作用，是当前经济发展的大格局，蕴藏着国际与国内的双重机遇与双重挑战。要把中国经济发展的阶段转变和世界经济长周期的转变相结合，要发挥大学城作为长周期变量在经济增长中的作用，在科技、文化、制度、理论上登上制高点，取得先导权。

（一）中国大学城发展

中国大学城主要是在政府行政主导下的有意而为之的规划型大学城。具体又可分为政府主宰型、企业开发型、多元化投入型。政府主宰型的大学城为财政投资建造，交给高校管理与使用。企业开发型的大学城为企业投资建造，高校长期租赁使用。多元化投入型的大学城以政府为主，政府进行大学城规划，建设市政基础设施，以优惠价格提供土地，高校自行筹措资金建设校园，企业负责向大学城提供后勤服务。大学城的建设取得了较好的成效。

增加了高等教育有效资源。云南呈贡大学城中，各高校的基本建设投入，形成了国有资产增量，云南大学校区占地面积达到原来的两倍，昆明医科大学占地面积达到原来的 7 倍。广州大学城占地 5.16万亩，其中中山大学占地 1695 亩。松江大学城占地 8000 亩，东华大学占地面积近 1500 亩，上海工程技术大学占地面积 1200 亩，上海外国语大学占地面积 800 多亩，上海立信会计学院占地 500 多亩，上海视觉艺术学院占地面积约 1000 亩，华东政法大学占地面积 1000 多亩，上海对外贸易学院占地面积约 700 亩。

增强高校的综合实力。学生宿舍、教学用房、仪器设备、图书资料、师资力量等办学要素制约着高校招生规模，通过大学城的建设，推动高校硬件规模扩大质量增强，发挥了投资替代效应，高校可以在教师薪金待遇、科研教学上投入更多资金，教师的数量和质量都获得提升。

更好满足人民群众接受高等教育需求。云南呈贡大学城有高校 10

所，在校大学生规模约 14 万。广州大学城有高校 10 所，在校大学生规模约 15 万。上海松江大学城有高校 7 所，在校大学生规模约 8 万。表明人民有了更多机会接受高等教育，更好地满足了人民的受教育需要。

但是也要看到大学城发展中，存在种种资金难题。

1. 国家宏观政策驱动高校资金需求

在国家教育体制改革与高校扩招政策的驱动下，高校要招收大量学生，获取更多收入，需要具备充分的教育资源，因此，高校极其愿意扩张办学规模与建设新校区。且各级政府采取各种举措支持高等教育事业发展，譬如向大学城的高校以优惠的价格提供土地甚至免费，高校积极参与这种低成本扩张，开展了圈地运动。政府在宏观调控管理中认识不充分，造成高校以攫取低价土地为宗旨，扩张招生规模，超预算大上基础建设，造成资源滥用，资金需求过于旺盛，只能求助于银行贷款来补足资金需求。

2. 区域高等教育财政支出不足兼不均

区域高等教育财政支出的绝对值在增加，但相对值却在下滑，由于区域财政负担不轻，要求区域大幅增加高等教育支出规模不现实，但区域高等教育财政支出不仅规模不够，在高校间的配置也不够均衡，部属院校与地方院校间配置不均衡，各省高校间配置不均衡、同一省内高校间配置也不均衡，同一省份内，地方政府对高校的投资是遇强则愈强，遇弱则愈弱，高校实力愈强，获得的资金也就愈多，高校实力愈弱，获得的资金也就愈少，这种财政支出过于倾向部属高校、发达地区、重点高校的境况，造成普通高校难以得到充足的资金支持，无法获得充分发展，加剧了高校间的不均衡发展。

3. 高校盲目建设

政府与高校的产权界限不明，高校领导享受与政府官员相同的级别、待遇，不同级别高校领导的行政待遇也不一样，许多领导为享受较高的行政待遇，不管高校实际状况，盲目地追求规模、追求档次，超标准地大上各类项目。高校虽已实施领导干部经济责任审计、离任审计制度，但只是走过场，使得许多领导不管高校实际经济境况，盲目借贷，任内债台高筑，到期后离任，给继任领导遗留大笔债务，使高校不能正常运作。高校建设资金的筹措机构与使用机构分离，资金拨付与项目建设进度不同步，欠缺合理有效的监管，造成拟定贷款项目与基础建设投资项目时较为轻率，没有科学合理的论证，盲目上马，使许多项目运作效益低下，甚至存在重复建设，造成高校基础建设投资预算失去控制，资金靡费，引发高校贷款规模过大、还贷风险加剧。

4. 高校资金来源渠道单一

伴随高校在大学城内新校区的建设，需要大量资金，只能求助于银行贷款，过高的利息与本金使高校面对着到期无法偿付本息的风险。高校资金来源，主要为财政拨款与学费收入，高等教育事业费拨款主要用于高校的日常支出或专项支出，不能用于偿还银行贷款；科研事业收入只能用于科研活动，也不能用来偿还银行贷款；多数高校的校办产业利润在高校收入中占比较小；社会捐赠及各类发展基金的收益不多。可用于偿还银行贷款本息的资金主要是高等教育事业费收入中的住宿费、学费等，高校对于学费没有严格的催缴手段，高校学生欠费情况严重，欠费数额滚雪球般日益增加，困扰着高校的经费筹措。

面对大学城发展中的资金难题，政府、高校各方积极采取措施解决。

1. 中央财政奖励高校化债

2010年，中央财政为减轻地方高校在大学城建设中的债务负担，采用基础奖励加浮动奖励的手段，对大学城高校债务合理有效解决的省份给予相应资金奖励。基础奖励的额度，依照每年安排部署化解资金压力的比例确定，中西部是45%。云南省政府与呈贡大学城建设中的负债高校签署资金解决合同，合理引导高校在规定期限内积极解决资金问题，从而获得中央资金奖励，形成资金运作的良性循环。

2. 引导高校土地置换

土地置换是经由土地转让获取经济收益的方式。高校土地置换有两类，一类是老校区置换，转让位于繁华地区的相对价格较高的老校区，从而获得土地级差收入。还有一类是把大学城内新校区中的部分地块进行市场化运作。通过土地置换缓解了高校的部分资金压力。呈贡大学城云南大学就将杨浦校区进行置换，纾解了资金紧张的压力。

3. 加强高校财务管理

大学城高校为减轻资金压力，大力强化财务管理，压缩开支，创造收入，加强高校内部审计，严控各部门的开源节流目标，实施严厉的增收节支考核与奖惩制度，形成严格的激励约束机制，采用各种手段节流，压缩各类可有可无的开支。譬如呈贡大学城的云南艺术学院逐年统筹事业费收入来缓解资金压力。

（二）新矛盾与新挑战

1. 教育资源过剩

大学城内高校扩建之后，不仅有大量负债，还有资源闲置问题。高校原来位于市区，面积狭小，不足以应对招生规模的扩大，在大学城大建新校区，在资金软约束下，在国家不会不管高校的思想指引下，一味地求大求新。廊坊大学城可容纳学生10万，但实际只有三成，大学城的规模浪费了一半以上。呈贡大学城可容纳学生30万，但实际只有一半，规模浪费了一半。而且随着人口出生率的下滑，我国高考报名人数在2008年后逐渐滑落，加上出国上大学的人数不断上升，教育资源相对于学生规模而言过大。

2. 财政风险

政府作为高校的投资者与所有者，当高校资金紧张之时，会通过各种方式传递给政府，引发政府财政风险。

高等教育事业的社会公益性、公办高校的国有性与非营利性决定了政府不但为高校的投资人，更是高校责任的最终兜底者。当高校因资金紧张而干扰到日常的教学活动时，就会求助于政府，为确保高等教育的顺利运作，确保社会的稳定，政府最终还是要采取一定手段解决高校的资金问题。

高校在纾解资金压力时，可能采取提高学费收费标准、缩减教学经费的方式，但学生及其家庭的经济负担能力弹性不高，学费过高可能会造成学生难以负担从而不得不离开学校，高校生源会下降。高校压缩教学经费，可能会造成教学质量下滑，最终引起学生的不满，引发社会的抗议，此问题最终还是需要政府出面解决。

高校若不能按时偿还银行贷款，形成的不良贷款会直接影响银行的正常运作，银行必然会向政府施压，政府作为高校的投资人和所有者，不会对高校坐视不管，不得不对高校债务进行援手。

3. 金融风险

政府虽然帮助高校解决债务问题，但是只是对 2009 年以前的贷款负责，同时还明确谁贷款、谁负责，严控新增贷款，高校的非营利性和公益性，注定高校靠自身力量难以解决所有资金问题，高校的资金危机有可能转嫁到银行身上，进而发生金融危机，影响金融业的发展。长期不能偿还到期债务，就会陷入财务困境，给银行带来一系列风险。

三 大学城新常态：区域高等教育财政支出发展路径

大学城发展由快速扩张转变至平稳扩张，是大学城发展的新常态。新常态表明中国大学城发展步入了新阶段，意味着大学城发展摆脱了摊大饼式的粗放发展模式，走上了内涵化、集约式、讲效益、求创新的可持续发展路径，大学城新常态开辟了高等教育发展的美好愿景，为从量变转向质变，还需要区域高等教育财政支出进行不断地革新，才能把理想变为现实。

（一）区域高等教育财政支出内涵式发展

区域高等教育财政支出内涵式发展要通过盘活存量、增进高等教育品质使高等教育产出提升。面对高等教育适龄人口滑落，规模难以增长，但可以挖掘潜力，实现内涵式发展，这就需要从高等教育供给侧进行改革。区域高等教育财政支出要全力支持优秀教师队伍的建设，培养与引进一流的学科带头人、国际知名学者、创新团队，高水平的师资力量是人才培养与学科建设的保证。培养综合素质高，具有国际视野、创新能力的高校毕业生，为新常态下的经济社会发展提供卓越的智力支持与人才支撑。加大财政投入力度，不断提高学科建设水准，提升高校服务社会的能力。聚集人力、财力、物力资源，积极推动具有自主知识产权的科技创新，为小康社会的建设提供科技驱动力。加强高校文化建设，发挥高校的文化传承职能，提升社会文明程度，推进社会主义精神文明的创建。

（二）绩效导向引领大学城集约化发展

土地资源稀缺、资本充足、技术提升是集约化发展的前提，财政对大学城建设的大力支持，土地优惠、贷款贴息、债务托底，高等教育发展是大干快上，随着社会对高等教育质量的关切，学生就业日益艰难，区域高等教育财政支出要推动高等教育集约式经营，主要生产要素的合理组合，提高生产要素的利用效率，就要以绩效为导向，形成激励与约束机制。国务院《统筹推进世界一流大学和一流学科建设总体方案》提出，要推动世界一流大学与一流学科的建设。大学城发展只有走集约化道路，才能实现双一流的建设目标。

（三）均衡分布区域高等教育财政支出

均衡分布区域高等教育财政支出符合国家建设一流大学与一流学科的统筹规划，有利于公平，也保证了大学城高校的可持续发展。中央财政支持部属院校的世界一流大学与一流学科的建设，并鼓励部属院校所在地方在资金、政策、资源上给予部属院校双一流建设支持。地方财政支持地方院校的世界一流大学与一流学科的建设，中央在基础设施建设等方面给予地方院校双一流建设的支持。通过中央和地方财政的交叉支持推动部属院校、地方院校的分头发展，确保了高校的公平竞争与赓续发展，确保了高等教育的品质，让更多的人获取接受高质量高等教育的机会，增加社会对高等教育的满意度，从而推动社会的悠长进步。

（四）打造对外开放格局

大学城要借"一带一路"建设之机，从国外引进全球知名高校，在大学城内开办分校或教学点，经由开放式办学、校际教学协作、学术共享等方式，提高大学城的国际影响力，还要鼓励大学城高校走出去，开展海外办学，提升大学城高校的国际知名度，整合利用国际优质高等教育资源，提升教学水准，改进教学理念，培育国际化的教师与学生。支持大学城内的高等院校向美国 Stanford 大学学习建设创业型高校，打造系统化、特色化的孵化体系，针对大学城各高校的不同优势特色，探究建设孵化组织机制，增强孵化培育能力；构建孵化器、创业苗圃、加速器、科技园区相融汇的科技创业孵化链条，服务于大学城内的高新技术企业，打造全要素、全过程的企业培育链。

（五）多元投入

大学城的建设是一项长期任务，需要政府、社会、高校共同努力、共同建设。激励各企业、事业单位和政府部门积极参与大学城建设，通过联合培育、科技合作、共建等方式支持大学城的建设。平稳有序地调整高校学费标准，建立合理的高等教育成本分担制度，高校也要通过校友会等方式主动汲取社会捐赠，拓宽融资渠道，加强社会合作，建立社会支持高校发展的长期稳定机制，增强高校的自给能力。

四　结语

2015 年的中国大学城，已全面显示出大学城新常态下区域高等教育财政支出的多维度，一为规模、数量维度，描绘的是区域高等教育财政支出的数量层面；二为区域高等教育财政支出结构、效益与质量，反映的是区域高等教育财政支出的质量与效益层面；三是区域高等教育财政支出改革的进展与增长驱动力的转变维度，体现的是区域高等教育财政支出的体制机制更替，展现的是大学城的发展潜力与可赓续性。只有从此三个维度展开综合分析，才能对中国大学城的新常态及未来发展态势有明确的认识。

2016 年的大学城高等教育财政支出数据，显示了大学城区域高等教育财政支出增长的态势，同时，大学城区域高等教育财政支出的质量、效益、可持续性皆有稳健上升的态势。云南自 2013 年起，开始施行区域高水平大学建设工程，已拨款 1.5 亿元，呈贡大学城的云南大学、云南民族大学、云南师范大学等高校先后拟制了别具一格的区域高水平大学建设方案，建设一流学科，力争早日建成区域高水平大学。还拨款 900 万元对大学城内高校支持建设新型智库，增强大学城高校在国家发展、区域建设中的作用。云南不断增进高等教育生均财政拨款水准，严格监管经费使用效益，推动高校公开财务信息，规范资金管理，强化高校资金的内部控制，推进预算执行速率，切实提升高等教育经费使用效益。2016 年，广东省安排 1.5579 亿元用于广州大学城高校的高等教育创新强校工程，对广州大学城高校提供地方高校生均拨款奖补资金 990 万元，对广州大学城高校安排高水平大学建设资金 8.063 亿元。广东以协同创新为导向，把资金分配权交给各高校，省级专项资金使用综合奖补的方式下拨，不再使用单项资助或奖补的方式，同时要求高校统筹考量自身发展需要，有效整合人才、学科、专业、设备等创新资源，提升资源使用的综合效益，切实推动创新强校工程的顺利运作，同时对各高校施行创新强校工程监督与业绩评估，还要求各高校从内部加强对本校创新强校工程的建设项目的监督评估。2016 年上海对大学城高校安排青年教师培养计划专项资金442.5 万元，安排 2600 万建设上海高校一流学科。上海改革高等教育专项资金的配置与拨款方式，把经常性经费投入和市级统筹投入相融合，生均公用经费和经常性专项经费打通使用，上海市中长期教育规划纲要的"十大工程"专项经费和地方高等教育内涵建设经费可流转使用、上海市教育规划纲要"十大工程"建设项目中"教师专业发展工程"的经费与"高校教师队伍质量提升项目"经费可打通使用。构建以教育改革发展重大项目为引领的市级统筹投入制度，设置市级财政高等教育专项资金，投入于全市重大教育改革发展项目，以学科建设、队伍建设为核心，推动一流高校建设。建构以提升教育项目支出效益为宗旨的全面监督评价制度，完善高等教育专项资金预算评审、项目评价、过程监督、事后评价的机制，增进高等教育财政资金的使用效益。

可以看到，在新常态下，中国大学城高等教育已脱离粗放型的投资驱动发展方式，逐渐转向高等教育供给侧结构性革新，以提升高等教育供给品质为核心，大力推动高等教育服务结构调整，重在纠正不合理的高等教育资源配置，目标为扩展大学城高等教育的有效供给，契合人民的高等教育需求，推动高等教育事业向着重品质、重效益、重创新的可持续发展道路迈进。

中国大学城区域高等教育财政支出已呈现出投入速度微调、品质效益提升、可持续发展的良好状态。这种转变会历经较长时间，为确保大学城高等教育发展方式的转换、结构的整合顺利运作，需要区域财政构建相对稳定的宏观经济基础，保持持久耐心，采用有力的举措，实现大学城区域高等教育的平稳有序发展，可持续发展是压倒一切的硬道理。

结　　论

　　研究从新经济地理的视角对高等教育财政支出与收入分层展开探索，研究内容分为理论分析、实证研究、发展策略与案例分析四大部分，通过分析探讨，对高等教育财政支出的优化从国家层面和区域层面提出建议。

　　国家层面高等教育财政支出地理区域投入战略的政策建议为，适当对经济落后地区采取中央高等教育财政成本补偿措施，中央财政有必要为经济落后地区高校规模扩张所引发的债务买单，可按经济落后地区的人均财政收入、人均财政支出标准，考量经济落后地区高等教育资产形成的规模、担负的扩张职责、未来转移支付额度与用途，确定中央财政负担经济落后地区高等教育债务的额度。

　　科学确定经济落后地区学生个人高等教育成本负担比例，经济落后地区高等教育的个人成本负担应更多考量能力原则，采取学费差别定价方式，基于其家庭收入情况来收取学费。

　　健全国家助学制度，要经由测度高等教育成本、预测学生家庭经济境况、学生经济资助需求、公布资助标准并及时调整，使对学生的资助更为公开、公正、规范、透明，使国家的资助资金在贫困学生中得到合理分配，切实帮助有需要的学生。

　　建立高等教育财政支出绩效评价体系，不仅要关注合规性、合法性、合理性方面，还要关注有效性和效率性，不仅要找问题，还要查原因，提建议，评价方式上不仅要有事后评价，还要有事前评价、事中评价。通过全面的评价，推动高等教育财政资金的规范使用，提高使用效率与效益，结余资金高校可用于科研教学活动中。从而有利于激励高校学科建设，创建一流大学和一流学科。

财政推动发展专业教育国际认证，参与专业教育国际认证可以驱动高校依照相关领域专业教育质量的国际标准与要求实施革新，推动高校教学管理水准上升，推动高校与相关学科专业特色化发展，参与专业教育国际认证还可为高校带来优秀学生，经过认证的文凭国际含金量更高，推动高等教育的良性发展。

构建跨区域高等教育合作的利益补偿与激励机制，在利益补偿上，在区域合作中设置中央对地方、区域间的利益互补政策，通过财政转移支付、税收优惠等方式，从而引导区域间高等教育合作的顺畅运转。

区域层面高等教育财政支出地理区域投入战略的政策建议为，构建区域内协同发展的高等教育财政支出模式，实现区域公共设施共享，实现优秀教师资源的共享，实现区域高等教育信息共享，从而对高等教育活动进行严格监督，还可以激励各区域高等教育活动创新，提升高等教育资源的使用效率和效益，更可以鼓励不同地区高等教育相互合作、相互竞争，共同进步。

财政推动区域高等教育差异化发展，不同地区经济规模不同，对人才的需求有异。这就要求各地区高等教育在人才培养、科技研发、社会资本培育上实行差异化的发展策略。

对内开放和对外开放两手抓，经由对外开放，同国外一流高校合作，引进国外卓越高等教育资源，提升本地区高等教育资源品质，实现高等教育快速发展。通过对内开放，各地区间优势互补，互通有无，一道进步，在合作中发展壮大，对国外高校不盲从，不迷信，保持发展的独立自主性，形成具有中国特色的高等教育。

强化地方政府官员的高等教育政绩评估，加强地方政府官员的高等教育政绩观，健全高等教育政绩评估制度、激励与约束机制。在政绩评估中，弱化功利性、短期性的经济增长指标，强化高等教育等民生类指标，鼓励地方切实增强对高校的支持力度。

推动发展开放式的高等教育投资体制，可积极利用区域外高等教育资源，推动本区域高等教育跨越式发展，为区域外高等教育资源进入本区域打造良好适宜的氛围环境，科学有序开放高等教育市场，主动积极利用国际优质高等教育资源，以开源的方式多渠道引入高等教育投入资金。

参 考 文 献

［1］ Shakeel Ahmad. Internationalization of Higher Education：A Tool for Sustainable Development ［J］. OIDA International Journal of Sustainable Development，2012，4（12）：79-90.

［2］ Klarissa Lueg and Rainer Lueg. From Teacher-Centred Instruction to Peer Tutoring in the Heterogeneous International Classroom：A Danish Case of Instructional Change ［J］. Journal of Social Science Education，2015，13（2）：39-62.

［3］ Tommaso Agasisti and Carmen Pérez-Esparrells. Comparing Efficiency in a Cross-Country Perspective：The Case of Italian and Spanish State Universities ［J］. Higher Education，2007，59（1）：85-103.

［4］ P. S. Aithal，Srinivas Rao and P. M. Suresh Kumar. Quality Enhancement in Higher Education Institutions：A Case Study of SIMS ［J］. International Journal of Multidisciplinary Research and Development，2015，2（5）：18-31.

［5］ Dan-Cristian Dabija，Catalin Postelnicu and Nicolae Al. Pop. Methodology for Assessing the Degree of Internationalization of Business Academic Study Programmes ［J］. Amfiteatru Economic，2014，16（37）：726-745.

［6］ Juha Kettunen. Strategic Networks of Higher Education Institutions：Evidence from Europe ［J］. Business Education & Accreditation，2015，7（1）：87-95.

［7］ Pedro Rei Bernardino and Rui Cunha Marques. Quality and Performance in the Higher Education Institutions: A Case Study in Portugal ［J］. The FedUni Journal of Higher Education, 2009, 4 (3): 24-42.

［8］ S. Rukmini. Learning Scientific and Technical Terminology (STT) for Successful Professional Communication ［J］. The IUP Journal of Soft Skills, 2013, 6 (1): 45-48.

［9］ Charlotte Jonasson, Jan Normann and Jakob Lauring. Faculty Trust, Conflict and the Use of Knowledge in an International Higher Education Context ［J］. Journal of Educational Sciences and Psychology, 2014, 4 (2): 1-14.

［10］ Alexandros Kakouris. Educating Potential Entrepreneurs under the Perspective of Europe 2020 Plan ［J］. Business & Entrepreneurship Journal, 2016, 5 (1): 7-24.

［11］ Thomas K. Bauer and Matthias Vorell. External Effects of Education: Human Capital Spillovers in Regions and Firms ［R］. Ruhr Economic Paper No. 195, 2010.

［12］ Shawn Kantor and Alexander Whalley. Do Universities Generate Agglomeration Spillovers? Evidence from Endowment Value Shocks ［R］. NBER Working Paper No. w15299, 2009.

［13］ Koji Miyamoto. Human Capital Formation and Foreign Direct Investment in Developing Countries ［R］. Organisation for Economic Co-operation and Development (OECD) Paper No. 211, 2005.

［14］ A. Abigail Payne. Measuring the Effect of Federal Research Funding on Private Donations at Research Universities: Is Federal Research Funding More than a Substitute for Private Donations? ［J］. International Tax and Public Finance, 2001, 8 (5): 731-751.

［15］ Sandra E. Black, Paul J. Devereux and Kjell G. Salvanes. Why the Apple Doesn't Fall Far: Understanding Intergenerational Transmission of Human Capital ［R］. IZA Discussion Paper No. 926, 2003.

［16］ Mariano Bosch Mossi, Daniel Lederman and William F. Maloney. Patenting and Research and Development: A Global View ［R］. World Bank Policy Research Working Paper No. 3739, 2005.

［17］ Buly A. Cardak. Education Choice, Endogenous Growth and Income Distribution ［R］. Economica, 2004, 71 (1): 57-81.

［18］ Edward P. Lazear. Intergenerational Externalities ［R］. NBER Working Paper No. w0145, 2004.

［19］ Arif Mamun. Is There a Cohabitation Premium in Men's Earnings? ［R］. Center for Research on Families Working Paper No. 2004-02, 2004.

［20］ Juha Kettunen. Integrated Management Approaches in Higher Education ［J］. US - China Education Review, 2015, 5 (11): 707-717.

［21］ Calin Arcalean, Gerhard Glomm and Ioana C. Schiopu. Growth Effects of Spatial Redistribution Policies ［R］. CAEPR Working Paper No. 2007-002, 2007.

［22］ Elizabeth B. Cooper. Global Collaboration in Law Schools: Lessons to Learn ［J］. Fordham International Law Journal, 2006, 30 (2): 343-354.

［23］ Lev Freinkman and Plamen Yossifov. Decentralization in Regional Fiscal Systems in Russia: Trends and Links to Economic Performance ［R］. World Bank Policy Research Working Paper No. 2100, 1999.

［24］ Lisa R. Pruitt, J. Cliff McKinney II and Bart Calhoun. Justice in the Hinterlands: Arkansas as a Case Study of the Rural Lawyer Shortage and Evidence-Based Solutions to Alleviate It ［J］. University of Arkansas at Little Rock Law Review, 2015, 37 (2): 573-719.

［25］ 王树乔、王惠、尹洁:《高等教育投入、技术创新与经济增长》,《教育学术月刊》2016 年第 5 期。

［26］ 何亚丽、林燕、张黎阳:《教育及社保投入对生育率和教育

水平的影响》，《南开经济研究》2016 年第 3 期。

［27］焦晓云：《"中等收入陷阱"的国际观照与中国的应对策略》，《当代经济管理》2016 年第 4 期。

［28］朱松梅、雷晓康：《财富分配问题新论》，《理论导刊》2016 年第 2 期。

［29］杜鹏、顾昕：《中国高等教育生均教育经费：低水平、慢增长、不均衡》，《中国高教研究》2016 年第 5 期。

［30］卜振兴：《高等教育发展对收入不平等的影响——基于分位数回归模型的研究》，《北京交通大学学报》（社会科学版）2016 年第 1 期。

［31］王燕、崔永涛、魏鹏飞：《美国产业结构变迁对高等教育结构的影响——基于预期收入的角度》，《教育与经济》2016 年第 2 期。

［32］李玉华：《新疆少数民族地区高等教育与经济协同发展研究》，《贵州民族研究》2016 年第 1 期。

［33］劳昕、薛澜：《我国高等教育资源的空间分布及其对地区经济增长的影响》，《高等教育研究》2016 年第 6 期。

［34］赖德胜、王琦、石丹淅：《高等教育质量差异与区域创新》，《教育研究》2015 年第 2 期。

［35］刘国瑞、高树仁：《高等教育发展方式转变的历史逻辑与现实选择》，《高等教育研究》2015 年第 10 期。

［36］韩萌：《美国公立研究型大学财政结构变迁探析》，《清华大学教育研究》2015 年第 11 期。

［37］马凤岐：《对高等学校的第二轮放权：基于资源依赖理论的视角》，《高等教育研究》2015 年第 10 期。

［38］王素、浦小松：《异质性、教育发展与国家创新能力——基于面板分位数模型的研究》，《教育研究》2015 年第 6 期。

［39］中国教育科学研究院课题组：《未来五年我国教育改革发展预测分析》，《教育研究》2015 年第 6 期。

［40］肖海燕：《政府行为优化与教育发展路向——基于市场与社

会双向互动理论》，《教育与经济》2015 年第 1 期。

［41］隋建利、刘金全、闫超：《教育投入对经济增长的影响恒久不变吗——改革开放以来的路径演化分析》，《教育与经济》2015 年第 1 期。

［42］于伟、张鹏：《我国高校生均经费支出省际差异的再分析——基于 shapley 值分解的方法》，《北京大学教育评论》2015 年第 2 期。

［43］董泽芳、张继平：《以质量保障提升高等教育公平水平的思考》，《高等教育研究》2015 年第 3 期。

［44］李晓嘉：《教育能促进脱贫吗——基于 CFPS 农户数据的实证研究》，《北京大学教育评论》2015 年第 10 期。

［45］田志磊、杨龙见、袁连生：《职责同构、公共教育属性与政府支出偏向——再议中国式分权和地方教育支出》，《北京大学教育评论》2015 年第 10 期。

［46］蒋凯：《全球化时代高等教育若干基本问题的省思》，《清华大学教育研究》2015 年第 11 期。

［47］张鹏、于伟：《城市化进程、空间溢出与城乡人力资本水平差距——基于省域尺度和受教育年限的空间计量研究》，《教育与经济》2015 年第 12 期。

［48］谢少华：《高等教育重新定位与大学管理制度创新》，《教育研究》2015 年第 11 期。

［49］蔡昉：《通过改革避免"中等收入陷阱"》，《南京农业大学学报》（社会科学版）2013 年第 5 期。

［50］董泽芳、谭颖芳：《战后美国高等教育分流的特点及促进社会分层流动的功效》，《外国教育研究》2013 年第 7 期。